ㄒ尺丹几乙ㄥ丹ㄒと

Translated Language Learning

El Manifiesto Comunista

The Communist Manifesto

Karl Marx & Friedrich Engels

Español / English

Copyright © 2024 Tranzlaty
All rights reserved.
Published by Tranzlaty
ISBN: 978-1-83566-173-4
Original text by Karl Marx and Friedrich Engels
The Communist Manifesto
First published in 1848
www.tranzlaty.com

Introducción
- Introduction -

Un fantasma acecha a Europa: el fantasma del comunismo
A spectre is haunting Europe — the spectre of Communism
Todas las potencias de la vieja Europa han entrado en una santa alianza para exorcizar este fantasma
All the Powers of old Europe have entered into a holy alliance to exorcise this spectre
El Papa y el Zar, Metternich y Guizot, los radicales franceses y los espías de la policía alemana
Pope and Czar, Metternich and Guizot, French Radicals and German police-spies
¿Dónde está el partido en la oposición que no ha sido tachado de comunista por sus adversarios en el poder?
Where is the party in opposition that has not been decried as Communistic by its opponents in power?
¿Dónde está la Oposición que no haya devuelto el reproche de marca al comunismo contra los partidos de oposición más avanzados?
Where is the Opposition that has not hurled back the branding reproach of Communism, against the more advanced opposition parties?
¿Y dónde está el partido que no ha hecho la acusación contra sus adversarios reaccionarios?
And where is the party that has not made the accusation against its reactionary adversaries?
Dos cosas resultan de este hecho
Two things result from this fact
I. El comunismo es ya reconocido por todas las potencias europeas como una potencia en sí misma
I. Communism is already acknowledged by all European Powers to be itself a Power
II. Ya es hora de que los comunistas publiquen abiertamente, a la vista de todo el mundo, sus puntos de vista, sus objetivos y sus tendencias

II. It is high time that Communists should openly, in the face of the whole world, publish their views, aims and tendencies
deben hacer frente a este cuento infantil del Espectro del Comunismo con un Manifiesto del propio partido
they must meet this nursery tale of the Spectre of Communism with a Manifesto of the party itself
Con este fin, comunistas de diversas nacionalidades se han reunido en Londres y han esbozado el siguiente Manifiesto
To this end, Communists of various nationalities have assembled in London and sketched the following Manifesto
El presente manifiesto se publicará en inglés, francés, alemán, italiano, flamenco y danés
this manifesto is to be published in the English, French, German, Italian, Flemish and Danish languages
Y ahora se publicará en todos los idiomas que ofrece Tranzlaty
And now it is to be published in all the languages that Tranzlaty offers

La Burguesía y los Proletarios
- Bourgeoisie and the Proletarians -

La historia de todas las sociedades existentes hasta ahora es la historia de las luchas de clases
The history of all hitherto existing societies is the history of class struggles

Hombre libre y esclavo, patricio y plebeyo, señor y siervo, maestro de gremio y oficial
Freeman and slave, patrician and plebeian, lord and serf, guild-master and journeyman

en una palabra, opresor y oprimido
in a word, oppressor and oppressed

Estas clases sociales estaban en constante oposición entre sí
these social classes stood in constant opposition to one another

Llevaron a cabo una lucha ininterrumpida. Ahora oculto, ahora abierto
they carried on an uninterrupted fight. Now hidden, now open

una lucha que terminó en una reconstitución revolucionaria de la sociedad en general
a fight that either ended in a revolutionary re-constitution of society at large

o una lucha que terminó en la ruina común de las clases contendientes
or a fight that ended in the common ruin of the contending classes

Echemos la vista atrás a las épocas anteriores de la historia
let us look back to the earlier epochs of history

Encontramos casi en todas partes una complicada organización de la sociedad en varios órdenes
we find almost everywhere a complicated arrangement of society into various orders

Siempre ha habido una múltiple gradación de rango social
there has always been a manifold gradation of social rank

En la antigua Roma tenemos patricios, caballeros, plebeyos, esclavos
In ancient Rome we have patricians, knights, plebeians, slaves
en la Edad Media: señores feudales, vasallos, maestros de gremios, oficiales, aprendices, siervos
in the Middle Ages: feudal lords, vassals, guild-masters, journeymen, apprentices, serfs
En casi todas estas clases, de nuevo, las gradaciones subordinadas
in almost all of these classes, again, subordinate gradations
La sociedad burguesa moderna ha brotado de las ruinas de la sociedad feudal
The modern Bourgeoisie society has sprouted from the ruins of feudal society
Pero este nuevo orden social no ha eliminado los antagonismos de clase
but this new social order has not done away with class antagonisms
No ha hecho más que establecer nuevas clases y nuevas condiciones de opresión
It has but established new classes and new conditions of oppression
Ha establecido nuevas formas de lucha en lugar de las antiguas
it has established new forms of struggle in place of the old ones
Sin embargo, la época en la que nos encontramos posee un rasgo distintivo
however, the epoch we find ourselves in possesses one distinctive feature
la época de la burguesía ha simplificado los antagonismos de clase
the epoch of the Bourgeoisie has simplified the class antagonisms
La sociedad en su conjunto se divide cada vez más en dos grandes campos hostiles

Society as a whole is more and more splitting up into two great hostile camps

dos grandes clases sociales enfrentadas directamente: la burguesía y el proletariado

two great social classes directly facing each other: Bourgeoisie and Proletariat

De los siervos de la Edad Media surgieron los burgueses de las primeras ciudades

From the serfs of the Middle Ages sprang the chartered burghers of the earliest towns

A partir de estos burgueses se desarrollaron los primeros elementos de la burguesía

From these burgesses the first elements of the Bourgeoisie were developed

El descubrimiento de América y el doblamiento del Cabo

The discovery of America and the rounding of the Cape

estos acontecimientos abrieron un nuevo terreno para la burguesía en ascenso

these events opened up fresh ground for the rising Bourgeoisie

Los mercados de las Indias Orientales y China, la colonización de América, el comercio con las colonias

The East-Indian and Chinese markets, the colonisation of America, trade with the colonies

el aumento de los medios de cambio y de las mercancías en general

the increase in the means of exchange and in commodities generally

Estos acontecimientos dieron al comercio, a la navegación y a la industria un impulso nunca antes conocido

these events gave to commerce, navigation, and industry an impulse never before known

Dio un rápido desarrollo al elemento revolucionario en la tambaleante sociedad feudal

it gave rapid development to the revolutionary element in the tottering feudal society

Los gremios cerrados habían monopolizado el sistema feudal de producción industrial
closed guilds had monopolised the feudal system of industrial production
Pero esto ya no bastaba para satisfacer las crecientes necesidades de los nuevos mercados
but this no longer sufficed for the growing wants of the new markets
El sistema manufacturero sustituyó al sistema feudal de la industria
The manufacturing system took the place of the feudal system of industry
Los maestros de gremio fueron empujados a un lado por la clase media manufacturera
The guild-masters were pushed on one side by the manufacturing middle class
La división del trabajo entre los diferentes gremios corporativos desapareció
division of labour between the different corporate guilds vanished
La división del trabajo penetraba en cada uno de los talleres
the division of labour penetrated each single workshop
Mientras tanto, los mercados seguían creciendo y la demanda seguía aumentando
Meantime, the markets kept ever growing, and the demand ever rising
Ni siquiera las fábricas bastaban para satisfacer las demandas
Even factories no longer sufficed to meet the demands
A partir de entonces, el vapor y la maquinaria revolucionaron la producción industrial
Thereupon, steam and machinery revolutionised industrial production
El lugar de la manufactura fue ocupado por el gigante, la Industria Moderna

The place of manufacture was taken by the giant, Modern Industry

El lugar de la clase media industrial fue ocupado por millonarios industriales

the place of the industrial middle class was taken by industrial millionaires

el lugar de los jefes de ejércitos industriales enteros fue ocupado por la burguesía moderna

the place of leaders of whole industrial armies were taken by the modern Bourgeoisie

el descubrimiento de América allanó el camino para que la industria moderna estableciera el mercado mundial

the discovery of America paved the way for modern industry to establish the world market

Este mercado dio un inmenso desarrollo al comercio, la navegación y la comunicación por tierra

This market gave an immense development to commerce, navigation, and communication by land

Este desarrollo ha repercutido, en su momento, en la extensión de la industria

This development has, in its time, reacted on the extension of industry

Reaccionó en proporción a cómo se extendía la industria, y cómo se extendían el comercio, la navegación y los ferrocarriles

it reacted in proportion to how industry extended, and how commerce, navigation and railways extended

en la misma proporción en que la burguesía se desarrolló, aumentó su capital

in the same proportion that the Bourgeoisie developed, they increased their capital

y la burguesía relegó a un segundo plano a todas las clases heredadas de la Edad Media

and the Bourgeoisie pushed into the background every class handed down from the Middle Ages

por lo tanto, la burguesía moderna es en sí misma el producto de un largo curso de desarrollo
therefore the modern Bourgeoisie is itself the product of a long course of development

Vemos que es una serie de revoluciones en los modos de producción y de intercambio
we see it is a series of revolutions in the modes of production and of exchange

Cada paso de la burguesía desarrollista iba acompañado de un avance político correspondiente
Each developmental Bourgeoisie step was accompanied by a corresponding political advance

Una clase oprimida bajo el dominio de la nobleza feudal
An oppressed class under the sway of the feudal nobility

una asociación armada y autónoma en la comuna medieval
an armed and self-governing association in the mediaeval commune

aquí, una república urbana independiente (como en Italia y Alemania)
here, an independent urban republic (as in Italy and Germany)

allí, un "tercer estado" imponible de la monarquía (como en Francia)
there, a taxable "third estate" of the monarchy (as in France)

posteriormente, en el período de fabricación propiamente dicho
afterwards, in the period of manufacture proper

la burguesía servía a la monarquía semifeudal o a la monarquía absoluta
the Bourgeoisie served either the semi-feudal or the absolute monarchy

o la burguesía actuaba como contrapeso contra la nobleza
or the Bourgeoisie acted as a counterpoise against the nobility

y, de hecho, la burguesía era una piedra angular de las grandes monarquías en general
and, in fact, the Bourgeoisie was a corner-stone of the great monarchies in general

pero la industria moderna y el mercado mundial se establecieron desde entonces
but Modern Industry and the world-market established itself since then
y la burguesía ha conquistado para sí el dominio político exclusivo
and the Bourgeoisie has conquered for itself exclusive political sway
logró esta influencia política a través del Estado representativo moderno
it achieved this political sway through the modern representative State
Los ejecutivos del Estado moderno no son más que un comité de gestión
The executives of the modern State are but a management committee
y manejan los asuntos comunes de toda la burguesía
and they manage the common affairs of the whole of the Bourgeoisie
La burguesía, históricamente, ha desempeñado un papel muy revolucionario
The Bourgeoisie, historically, has played a most revolutionary part
Dondequiera que se impuso, puso fin a todas las relaciones feudales, patriarcales e idílicas
wherever it got the upper hand, it put an end to all feudal, patriarchal, and idyllic relations
Ha roto sin piedad los abigarrados lazos feudales que unían al hombre con sus "superiores naturales"
It has pitilessly torn asunder the motley feudal ties that bound man to his "natural superiors"
y no ha dejado ningún nexo entre el hombre y el hombre, más allá del puro interés propio
and it has left remaining no nexus between man and man, other than naked self-interest

Las relaciones del hombre entre sí se han convertido en nada más que un cruel "pago en efectivo"
man's relations with one another have become nothing more than callous "cash payment"

Ha ahogado los éxtasis más celestiales del fervor religioso
It has drowned the most heavenly ecstasies of religious fervour

ha ahogado el entusiasmo caballeresco y el sentimentalismo filisteo
it has drowned chivalrous enthusiasm and philistine sentimentalism

ha ahogado estas cosas en el agua helada del cálculo egoísta
it has drowned these things in the icy water of egotistical calculation

Ha resuelto el valor personal en valor de cambio
It has resolved personal worth into exchangeable value

Ha sustituido a las innumerables e imprescriptibles libertades estatutarias
it has replaced the numberless and indefeasible chartered freedoms

y ha establecido una libertad única e inconcebible; Libre cambio
and it has set up a single, unconscionable freedom; Free Trade

En una palabra, lo ha hecho para la explotación
In one word, it has done this for exploitation

explotación velada por ilusiones religiosas y políticas
exploitation veiled by religious and political illusions

explotación velada por una explotación desnuda, desvergonzada, directa, brutal
exploitation veiled by naked, shameless, direct, brutal exploitation

la burguesía ha despojado de la aureola a todas las ocupaciones anteriormente honradas y veneradas
the Bourgeoisie has stripped the halo off every previously honoured and revered occupation

el médico, el abogado, el sacerdote, el poeta y el hombre de ciencia
the physician, the lawyer, the priest, the poet, and the man of science
Ha convertido a estos distinguidos trabajadores en sus trabajadores asalariados
it has converted these distinguished workers into its paid wage labourers
La burguesía ha rasgado el velo sentimental de la familia
The Bourgeoisie has torn the sentimental veil away from the family
y ha reducido la relación familiar a una mera relación monetaria
and it has reduced the family relation to a mere money relation
el brutal despliegue de vigor en la Edad Media que tanto admiran los reaccionarios
the brutal display of vigour in the Middle Ages which Reactionists so much admire
Aun esto encontró su complemento adecuado en la más perezosa indolencia
even this found its fitting complement in the most slothful indolence
La burguesía ha revelado cómo sucedió todo esto
The Bourgeoisie has disclosed how all this came to pass
La burguesía ha sido la primera en mostrar lo que la actividad del hombre puede producir
The Bourgeoisie have been the first to show what man's activity can bring about
Ha logrado maravillas que superan con creces las pirámides egipcias, los acueductos romanos y las catedrales góticas
It has accomplished wonders far surpassing Egyptian pyramids, Roman aqueducts, and Gothic cathedrals
y ha llevado a cabo expediciones que han hecho sombra a todos los antiguos Éxodos de naciones y cruzadas

and it has conducted expeditions that put in the shade all former Exoduses of nations and crusades

La burguesía no puede existir sin revolucionar constantemente los instrumentos de producción
The Bourgeoisie cannot exist without constantly revolutionising the instruments of production
y, por lo tanto, no puede existir sin sus relaciones con la producción
and thereby it cannot exist without its relations to production
y, por lo tanto, no puede existir sin sus relaciones con la sociedad
and therefore it cannot exist without its relations to society
Todas las clases industriales anteriores tenían una condición en común
all earlier industrial classes had one condition in common
Confiaban en la conservación de los antiguos modos de producción
they relied on the conservation of the old modes of production
pero la burguesía trajo consigo una dinámica completamente nueva
but the Bourgeoisie brought with it a completely new dynamic
Revolucionar constantemente la producción y perturbar ininterrumpidamente todas las condiciones sociales
Constant revolutionizing of production and uninterrupted disturbance of all social conditions
esta eterna incertidumbre y agitación distingue a la época burguesa de todas las anteriores
this everlasting uncertainty and agitation distinguishes the Bourgeoisie epoch from all earlier ones
Las relaciones previas con la producción vinieron acompañadas de antiguos y venerables prejuicios y opiniones
previous relations with production came with ancient and venerable prejudices and opinions
Pero todas estas relaciones fijas y congeladas son barridas

but all of these fixed, fast-frozen relations are swept away
Todas las relaciones recién formadas se vuelven anticuadas antes de que puedan osificarse
all new-formed relations become antiquated before they can ossify
Todo lo que es sólido se derrite en el aire, y todo lo que es santo es profanado
All that is solid melts into air, and all that is holy is profaned
El hombre se ve finalmente obligado a afrontar con sus sentidos sobrios sus verdaderas condiciones de vida
man is at last compelled to face with sober senses, his real conditions of life
y se ve obligado a afrontar sus relaciones con los de su especie
and he is compelled to face his relations with his kind

La burguesía necesita constantemente ampliar sus mercados para sus productos
The Bourgeoisie constantly needs to expand its markets for its products
y, debido a esto, la burguesía es perseguida por toda la superficie del globo
and, because of this, the Bourgeoisie is chased over the whole surface of the globe
La burguesía debe anidar en todas partes, establecerse en todas partes, establecer conexiones en todas partes
The Bourgeoisie must nestle everywhere, settle everywhere, establish connections everywhere
La burguesía debe crear mercados en todos los rincones del mundo para explotar
The Bourgeoisie must create markets in every corner of the world to exploit
La producción y el consumo en todos los países han adquirido un carácter cosmopolita
the production and consumption in every country has been given a cosmopolitan character

el disgusto de los reaccionarios es palpable, pero ha continuado a pesar de todo
the chagrin of Reactionists is palpable, but it has carried on regardless

La burguesía ha sacado de debajo de los pies de la industria el terreno nacional en el que se encontraba
The Bourgeoisie have drawn from under the feet of industry the national ground on which it stood

Todas las industrias nacionales de vieja data han sido destruidas, o están siendo destruidas diariamente
all old-established national industries have been destroyed, or are daily being destroyed

Todas las viejas industrias nacionales son desplazadas por las nuevas industrias
all old-established national industries are dislodged by new industries

Su introducción se convierte en una cuestión de vida o muerte para todas las naciones civilizadas
their introduction becomes a life and death question for all civilised nations

son desalojados por industrias que ya no trabajan con materia prima autóctona
they are dislodged by industries that no longer work up indigenous raw material

En cambio, estas industrias extraen materias primas de las zonas más remotas
instead, these industries pull raw materials from the remotest zones

industrias cuyos productos se consumen, no solo en el país, sino en todos los rincones del mundo
industries whose products are consumed, not only at home, but in every quarter of the globe

En lugar de las viejas necesidades, satisfechas por las producciones del país, encontramos nuevas necesidades
In place of the old wants, satisfied by the productions of the country, we find new wants

Estas nuevas necesidades requieren para su satisfacción los productos de tierras y climas lejanos
these new wants require for their satisfaction the products of distant lands and climes

En lugar de la antigua reclusión y autosuficiencia local y nacional, tenemos el comercio
In place of the old local and national seclusion and self-sufficiency, we have trade

intercambio internacional en todas las direcciones; Interdependencia universal de las naciones
international exchange in every direction; universal interdependence of nations

Y así como dependemos de los materiales, también dependemos de la producción intelectual
and just as we have dependency on materials, so we are dependent on intellectual production

Las creaciones intelectuales de las naciones individuales se convierten en propiedad común
The intellectual creations of individual nations become common property

La unilateralidad nacional y la estrechez de miras se vuelven cada vez más imposibles
National one-sidedness and narrow-mindedness become more and more impossible

y de las numerosas literaturas nacionales y locales, surge una literatura mundial
and from the numerous national and local literatures, there arises a world literature

por el rápido perfeccionamiento de todos los instrumentos de producción
by the rapid improvement of all instruments of production

por los medios de comunicación inmensamente facilitados
by the immensely facilitated means of communication

La burguesía atrae a todos (incluso a las naciones más bárbaras) a la civilización

The Bourgeoisie draws all (even the most barbarian nations) into civilisation

Los precios baratos de sus mercancías; la artillería pesada que derriba todas las murallas chinas

The cheap prices of its commodities; the heavy artillery that batters down all Chinese walls

El odio intensamente obstinado de los bárbaros hacia los extranjeros se ve obligado a capitular

the barbarians' intensely obstinate hatred of foreigners is forced to capitulate

Obliga a todas las naciones, bajo pena de extinción, a adoptar el modo de producción burgués

It compels all nations, on pain of extinction, to adopt the Bourgeoisie mode of production

los obliga a introducir lo que llama civilización en su seno

it compels them to introduce what it calls civilisation into their midst

La burguesía obliga a los bárbaros a convertirse ellos mismos en burgueses

The Bourgeoisie force the barbarians to become Bourgeoisie themselves

en una palabra, la burguesía crea un mundo a su imagen y semejanza

in a word, the Bourgeoisie creates a world after its own image

La burguesía ha sometido el campo al dominio de las ciudades

The Bourgeoisie has subjected the countryside to the rule of the towns

Ha creado enormes ciudades y ha aumentado considerablemente la población urbana

It has created enormous cities and greatly increased the urban population

Rescató a una parte considerable de la población de la idiotez de la vida rural

it rescued a considerable part of the population from the idiocy of rural life

pero ha hecho que los del campo dependan de las ciudades
but it has made those in the the countryside dependent on the towns
y asimismo, ha hecho que los países bárbaros dependan de los civilizados
and likewise, it has made the barbarian countries dependent on the civilised ones
naciones de campesinos sobre naciones de la burguesía, el Este sobre el Oeste
nations of peasants on nations of Bourgeoisie, the East on the West
La burguesía suprime cada vez más el estado dispersos de la población
The Bourgeoisie does away with the scattered state of the population more and more
Ha aglomerado la producción y ha concentrado la propiedad en pocas manos
It has agglomerated production, and has concentrated property in a few hands
La consecuencia necesaria de esto fue la centralización política
The necessary consequence of this was political centralisation
Había habido naciones independientes y provincias poco conectadas
there had been independent nations and loosely connected provinces
Tenían intereses, leyes, gobiernos y sistemas tributarios separados
they had separate interests, laws, governments and systems of taxation
pero se han agrupado en una sola nación, con un solo gobierno
but they have become lumped together into one nation, with one government
Ahora tienen un interés nacional de clase, una frontera y un arancel aduanero

they now have one national class-interest, one frontier and one customs-tariff

Y este interés nacional de clase está unificado bajo un solo código de leyes

and this national class-interest is unified under one code of law

la burguesía ha logrado mucho durante su gobierno de apenas cien años

the Bourgeoisie has achieved much during its rule of scarce one hundred years

fuerzas productivas más masivas y colosales que todas las generaciones precedentes juntas

more massive and colossal productive forces than have all preceding generations together

Las fuerzas de la naturaleza están subyugadas a la voluntad del hombre y su maquinaria

Nature's forces are subjugated to the will of man and his machinery

La química se aplica a todas las formas de industria y tipos de agricultura

chemistry is applied to all forms of industry and types of agriculture

la navegación a vapor, los ferrocarriles, los telégrafos eléctricos y la imprenta

steam-navigation, railways, electric telegraphs, and the printing press

desbroce de continentes enteros para el cultivo, canalización de ríos

clearing of whole continents for cultivation, canalisation of rivers

Poblaciones enteras han sido sacadas de la tierra y puestas a trabajar

whole populations have been conjured out of the ground and put to work

¿Qué siglo anterior tuvo siquiera un presentimiento de lo que podría desencadenarse?

what earlier century had even a presentiment of what could be unleashed?
¿Quién predijo que tales fuerzas productivas dormitaban en el regazo del trabajo social?
who predicted that such productive forces slumbered in the lap of social labour?

Vemos, pues, que los medios de producción y de intercambio se generaban en la sociedad feudal
we see then that the means of production and of exchange were generated in feudal society
los medios de producción sobre cuyos cimientos se construyó la burguesía
the means of production on whose foundation the Bourgeoisie built itself up
En una determinada etapa del desarrollo de estos medios de producción y de intercambio
At a certain stage in the development of these means of production and of exchange
las condiciones bajo las cuales la sociedad feudal producía e intercambiaba
the conditions under which feudal society produced and exchanged
La organización feudal de la agricultura y la industria manufacturera
the feudal organisation of agriculture and manufacturing industry
Las relaciones feudales de propiedad ya no eran compatibles con las condiciones materiales
the feudal relations of property were no longer compatible with the material conditions
Tuvieron que ser reventados en pedazos, por lo que fueron reventados en pedazos
They had to be burst asunder, so they were burst asunder
En su lugar entró la libre competencia de las fuerzas productivas

Into their place stepped free competition from the productive forces

y fueron acompañadas de una constitución social y política adaptada a ella

and they were accompanied by a social and political constitution adapted to it

y fue acompañado por el dominio económico y político de la burguesía

and it was accompanied by the economical and political sway of the Bourgeoisie class

Un movimiento similar está ocurriendo ante nuestros propios ojos

A similar movement is going on before our own eyes

La sociedad burguesa moderna con sus relaciones de producción, de intercambio y de propiedad

Modern Bourgeoisie society with its relations of production, and of exchange, and of property

una sociedad que ha conjurado medios de producción y de intercambio tan gigantescos

a society that has conjured up such gigantic means of production and of exchange

Es como el hechicero que invocó los poderes del mundo inferior

it is like the sorcerer who called up the powers of the nether world

Pero ya no es capaz de controlar lo que ha traído al mundo

but he is no longer able to control what he has brought into the world

Durante muchas décadas, la historia pasada estuvo unida por un hilo conductor

For many a decade past history was tied together by a common thread

La historia de la industria y del comercio no ha sido más que la historia de las revueltas

the history of industry and commerce has been but the history of revolts

las revueltas de las fuerzas productivas modernas contra las condiciones modernas de producción
the revolts of modern productive forces against modern conditions of production

Las revueltas de las fuerzas productivas modernas contra las relaciones de propiedad
the revolts of modern productive forces against property relations

estas relaciones de propiedad son las condiciones para la existencia de la burguesía
these property relations are the conditions for the existence of the Bourgeoisie

y la existencia de la burguesía determina las reglas de las relaciones de propiedad
and the existence of the Bourgeoisie determines the rules for property relations

Baste mencionar el retorno periódico de las crisis comerciales
it is enough to mention the periodical return of commercial crises

cada crisis comercial es más amenazante para la sociedad burguesa que la anterior
each commercial crisis is more threatening to Bourgeoisie society than the last

En estas crisis se destruye gran parte de los productos existentes
In these crises a great part of the existing products are destroyed

Pero estas crisis también destruyen las fuerzas productivas previamente creadas
but these crises also destroy the previously created productive forces

En todas las épocas anteriores, estas epidemias habrían parecido un absurdo
in all earlier epochs these epidemics would have seemed an absurdity

- 21 -

porque estas epidemias son las crisis comerciales de la sobreproducción
because these epidemics are the commercial crises of over-production
De repente, la sociedad se encuentra de nuevo en un estado de barbarie momentánea
Society suddenly finds itself put back into a state of momentary barbarism
como si una guerra universal de devastación hubiera cortado todos los medios de subsistencia
as if a universal war of devastation had cut off every means of subsistence
la industria y el comercio parecen haber sido destruidos; ¿Y por qué?
industry and commerce seem to have been destroyed; and why?
Porque hay demasiada civilización y medios de subsistencia
Because there is too much civilisation and means of subsistence
y porque hay demasiada industria y demasiado comercio
and because there is too much industry, and too much commerce
Las fuerzas productivas a disposición de la sociedad ya no desarrollan la propiedad burguesa
The productive forces at the disposal of society no longer develop Bourgeoisie property
por el contrario, se han vuelto demasiado poderosos para estas condiciones, por las cuales están encadenados
on the contrary, they have become too powerful for these conditions, by which they are fettered
tan pronto como superan estas cadenas, traen el desorden a toda la sociedad burguesa
as soon as they overcome these fetters, they bring disorder into the whole of Bourgeoisie society
y las fuerzas productivas ponen en peligro la existencia de la propiedad burguesa

and the productive forces endanger the existence of
Bourgeoisie property

**Las condiciones de la sociedad burguesa son demasiado
estrechas para abarcar la riqueza creada por ellas**

The conditions of Bourgeoisie society are too narrow to
comprise the wealth created by them

¿Y cómo supera la burguesía estas crisis?

And how does the Bourgeoisie get over these crises?

**Por un lado, supera estas crisis mediante la destrucción
forzada de una masa de fuerzas productivas**

On the one hand, it overcomes these crises by the enforced
destruction of a mass of productive forces

**por otro lado, supera estas crisis mediante la conquista de
nuevos mercados**

on the other hand, it overcomes these crises by the conquest of
new markets

**y supera estas crisis mediante la explotación más completa
de las viejas fuerzas productivas**

and it overcomes these crises by the more thorough
exploitation of the old forces of production

**Es decir, allanando el camino para crisis más extensas y
destructivas**

That is to say, by paving the way for more extensive and more
destructive crises

**supera la crisis disminuyendo los medios para prevenir las
crisis**

it overcomes the crisis by diminishing the means whereby
crises are prevented

**Las armas con las que la burguesía derribó el feudalismo se
vuelven ahora contra sí misma**

The weapons with which the Bourgeoisie felled feudalism to
the ground are now turned against itself

**Pero la burguesía no sólo ha forjado las armas que le dan la
muerte**

But not only has the Bourgeoisie forged the weapons that bring death to itself
También ha llamado a la existencia a los hombres que han de empuñar esas armas
it has also called into existence the men who are to wield those weapons
Y estos hombres son la clase obrera moderna; Son los proletarios
and these men are the modern working class; they are the proletarians
En la misma proporción en que se desarrolla la burguesía, en la misma proporción se desarrolla el proletariado
In proportion as the Bourgeoisie is developed, in the same proportion is the Proletariat developed
La clase obrera moderna desarrolló una clase de trabajadores
the modern working class developed a class of labourers
Esta clase de obreros vive sólo mientras encuentran trabajo
this class of labourers live only so long as they find work
y sólo encuentran trabajo mientras su trabajo aumenta el capital
and they find work only so long as their labour increases capital
Estos obreros, que deben venderse a destajo, son una mercancía
These labourers, who must sell themselves piece-meal, are a commodity
Estos obreros son como cualquier otro artículo de comercio
these labourers are like every other article of commerce
y, en consecuencia, están expuestos a todas las vicisitudes de la competencia
and they are consequently exposed to all the vicissitudes of competition
Tienen que capear todas las fluctuaciones del mercado
they have to weather all the fluctuations of the market
Debido al uso extensivo de maquinaria y a la división del trabajo

Owing to the extensive use of machinery and to division of labour

El trabajo de los proletarios ha perdido todo carácter individual

the work of the proletarians has lost all individual character

y, en consecuencia, el trabajo de los proletarios ha perdido todo encanto para el obrero

and consequently, the work of the proletarians has lost all charm for the workman

Se convierte en un apéndice de la máquina, en lugar del hombre que una vez fue

He becomes an appendage of the machine, rather than the man he once was

Sólo se requiere de él la habilidad más simple, monótona y más fácil de adquirir

only the most simple, monotonous, and most easily acquired knack is required of him

Por lo tanto, el costo de producción de un trabajador está restringido

Hence, the cost of production of a workman is restricted

se restringe casi por completo a los medios de subsistencia que necesita para su manutención

it is restricted almost entirely to the means of subsistence that he requires for his maintenance

y se restringe a los medios de subsistencia que necesita para la propagación de su raza

and it is restricted to the means of subsistence that he requires for the propagation of his race

Pero el precio de una mercancía, y por lo tanto también del trabajo, es igual a su costo de producción

But the price of a commodity, and therefore also of labour, is equal to its cost of production

Por lo tanto, a medida que aumenta la repulsividad del trabajo, disminuye el salario

In proportion, therefore, as the repulsiveness of the work increases, the wage decreases

Es más, la repulsión de su obra aumenta a un ritmo aún mayor
Nay, the repulsiveness of his work increases at an even greater rate

A medida que aumenta el uso de maquinaria y la división del trabajo, también lo hace la carga del trabajo
as the use of machinery and division of labour increases, so does the burden of toil

La carga del trabajo se incrementa con la prolongación de las horas de trabajo
the burden of toil is increased by prolongation of the working hours

Se espera más del obrero en el mismo tiempo que antes
more is expected of the labourer in the same time as before

Y, por supuesto, la carga del trabajo aumenta por la velocidad de la maquinaria
and of course the burden of the toil is increased by the speed of the machinery

La industria moderna ha convertido el pequeño taller del amo patriarcal en la gran fábrica del capitalista industrial
Modern industry has converted the little workshop of the patriarchal master into the great factory of the industrial capitalist

Las masas de obreros, hacinados en la fábrica, están organizadas como soldados
Masses of labourers, crowded into the factory, are organised like soldiers

Como soldados rasos del ejército industrial están bajo el mando de una jerarquía perfecta de oficiales y sargentos
As privates of the industrial army they are placed under the command of a perfect hierarchy of officers and sergeants

no sólo son esclavos de la burguesía y del Estado
they are not only the slaves of the Bourgeoisie class and State

pero también son esclavizados diariamente y cada hora por la máquina
but they are also daily and hourly enslaved by the machine

están esclavizados por el vigilante y, sobre todo, por el propio fabricante burgués
they are enslaved by the over-looker, and, above all, by the individual Bourgeoisie manufacturer himself
Cuanto más abiertamente proclama este despotismo que la ganancia es su fin y su fin, tanto más mezquino, más odioso y más amargo es
The more openly this despotism proclaims gain to be its end and aim, the more petty, the more hateful and the more embittering it is

Cuanto más se desarrolla la industria moderna, menores son las diferencias entre los sexos
the more modern industry becomes developed, the lesser are the differences between the sexes
Cuanto menor es la habilidad y el ejercicio de la fuerza implícitos en el trabajo manual, tanto más el trabajo de los hombres es reemplazado por el de las mujeres
The less the skill and exertion of strength implied in manual labour, the more is the labour of men superseded by that of women
Las diferencias de edad y sexo ya no tienen ninguna validez social distintiva para la clase obrera
Differences of age and sex no longer have any distinctive social validity for the working class
Todos son instrumentos de trabajo, más o menos costosos de usar, según su edad y sexo
All are instruments of labour, more or less expensive to use, according to their age and sex
tan pronto como el obrero recibe su salario en efectivo, es atacado por las otras partes de la burguesía
as soon as the labourer receives his wages in cash, than he is set upon by the other portions of the Bourgeoisie
el propietario, el tendero, el prestamista, etc
the landlord, the shopkeeper, the pawnbroker, etc

Los estratos más bajos de la clase media; los pequeños comerciantes y tenderos
The lower strata of the middle class; the small trades people and shopkeepers
los comerciantes jubilados en general, y los artesanos y campesinos
the retired tradesmen generally, and the handicraftsmen and peasants
todo esto se hunde poco a poco en el proletariado
all these sink gradually into the Proletariat
en parte porque su minúsculo capital no basta para la escala en que se desarrolla la industria moderna
partly because their diminutive capital does not suffice for the scale on which Modern Industry is carried on
y porque está inundada en la competencia con los grandes capitalistas
and because it is swamped in the competition with the large capitalists
en parte porque sus habilidades especializadas se vuelven inútiles por los nuevos métodos de producción
partly because their specialized skill is rendered worthless by the new methods of production
De este modo, el proletariado es reclutado entre todas las clases de la población
Thus the Proletariat is recruited from all classes of the population
El proletariado pasa por varias etapas de desarrollo
The Proletariat goes through various stages of development
Con su nacimiento comienza su lucha con la burguesía
With its birth begins its struggle with the Bourgeoisie
Al principio, la contienda es llevada a cabo por trabajadores individuales
At first the contest is carried on by individual labourers
Entonces el concurso es llevado a cabo por los obreros de una fábrica
then the contest is carried on by the workpeople of a factory

Entonces la contienda es llevada a cabo por los operarios de un oficio, en una localidad
then the contest is carried on by the operatives of one trade, in one locality

y la contienda es entonces contra la burguesía individual que los explota directamente
and the contest is then against the individual Bourgeoisie who directly exploits them

No dirigen sus ataques contra las condiciones de producción de la burguesía
They direct their attacks not against the Bourgeoisie conditions of production

pero dirigen su ataque contra los propios instrumentos de producción
but they direct their attack against the instruments of production themselves

destruyen mercancías importadas que compiten con su mano de obra
they destroy imported wares that compete with their labour

Hacen pedazos la maquinaria y prenden fuego a las fábricas
they smash to pieces machinery and they set factories ablaze

tratan de restaurar por la fuerza el estado desaparecido del obrero de la Edad Media
they seek to restore by force the vanished status of the workman of the Middle Ages

En esta etapa, los obreros forman todavía una masa incoherente dispersa por todo el país
At this stage the labourers still form an incoherent mass scattered over the whole country

y se rompen por su mutua competencia
and they are broken up by their mutual competition

Si en alguna parte se unen para formar cuerpos más compactos, esto no es todavía la consecuencia de su propia unión activa
If anywhere they unite to form more compact bodies, this is not yet the consequence of their own active union

pero es una consecuencia de la unión de la burguesía, para alcanzar sus propios fines políticos
but it is a consequence of the union of the Bourgeoisie, to attain its own political ends
la burguesía se ve obligada a poner en movimiento a todo el proletariado
the Bourgeoisie is compelled to set the whole Proletariat in motion
y además, por un momento, la burguesía es capaz de hacerlo
and moreover, for a time being, the Bourgeoisie is able to do so
Por lo tanto, en esta etapa, los proletarios no luchan contra sus enemigos
At this stage, therefore, the proletarians do not fight their enemies
sino que están luchando contra los enemigos de sus enemigos
but instead they are fighting the enemies of their enemies
la lucha contra los restos de la monarquía absoluta y los terratenientes
the fight the remnants of absolute monarchy and the landowners
luchan contra la burguesía no industrial; la pequeña burguesía
they fight the non-industrial Bourgeoisie; the petty Bourgeoisie
De este modo, todo el movimiento histórico se concentra en manos de la burguesía
Thus the whole historical movement is concentrated in the hands of the Bourgeoisie
cada victoria así obtenida es una victoria para la burguesía
every victory so obtained is a victory for the Bourgeoisie
Pero con el desarrollo de la industria, el proletariado no sólo aumenta en número
But with the development of industry the Proletariat not only increases in number

el proletariado se concentra en grandes masas y su fuerza crece
the Proletariat becomes concentrated in greater masses and its strength grows
y el proletariado siente cada vez más esa fuerza
and the Proletariat feels that strength more and more
Los diversos intereses y condiciones de vida en las filas del proletariado se igualan cada vez más
The various interests and conditions of life within the ranks of the Proletariat are more and more equalised
se vuelven más proporcionales a medida que la maquinaria borra todas las distinciones de trabajo
they become more in proportion as machinery obliterates all distinctions of labour
y la maquinaria reduce los salarios al mismo nivel bajo en casi todas partes
and machinery nearly everywhere reduces wages to the same low level
La creciente competencia entre la burguesía, y las crisis comerciales resultantes, hacen que los salarios de los obreros sean cada vez más fluctuantes
The growing competition among the Bourgeoisie, and the resulting commercial crises, make the wages of the workers ever more fluctuating
La mejora incesante de la maquinaria, que se desarrolla cada vez más rápidamente, hace que sus medios de vida sean cada vez más precarios
The unceasing improvement of machinery, ever more rapidly developing, makes their livelihood more and more precarious
los choques entre obreros individuales y burgueses individuales toman cada vez más el carácter de choques entre dos clases
the collisions between individual workmen and individual Bourgeoisie take more and more the character of collisions between two classes

A partir de ese momento, los obreros comienzan a formar uniones (sindicatos) contra la burguesía
Thereupon the workers begin to form combinations (Trades Unions) against the Bourgeoisie
se agrupan para mantener el ritmo de los salarios
they club together in order to keep up the rate of wages
Fundaron asociaciones permanentes para hacer frente de antemano a estas revueltas ocasionales
they found permanent associations in order to make provision beforehand for these occasional revolts
Aquí y allá la contienda estalla en disturbios
Here and there the contest breaks out into riots
De vez en cuando los obreros salen victoriosos, pero sólo por un tiempo
Now and then the workers are victorious, but only for a time
El verdadero fruto de sus batallas no reside en el resultado inmediato, sino en la unión cada vez mayor de los trabajadores
The real fruit of their battles lies, not in the immediate result, but in the ever-expanding union of the workers
Esta unión se ve favorecida por la mejora de los medios de comunicación creados por la industria moderna
This union is helped on by the improved means of communication that are created by modern industry
La comunicación moderna pone en contacto a los trabajadores de diferentes localidades
modern communication places the workers of different localities in contact with one another
Era precisamente este contacto el que se necesitaba para centralizar las numerosas luchas locales en una lucha nacional entre clases
It was just this contact that was needed to centralise the numerous local struggles into one national struggle between classes
Todas estas luchas tienen el mismo carácter, y toda lucha de clases es una lucha política

- 32 -

all of these struggles are of the same character, and every class struggle is a political struggle

los burgueses de la Edad Media, con sus miserables carreteras, necesitaron siglos para formar sus uniones
the burghers of the Middle Ages, with their miserable highways, required centuries to form their unions

Los proletarios modernos, gracias a los ferrocarriles, logran sus sindicatos en pocos años
the modern proletarians, thanks to railways, achieve their unions within a few years

Esta organización de los proletarios en una clase los formó, por consiguiente, en un partido político
This organisation of the proletarians into a class consequently formed them into a political party

La clase política se ve continuamente molesta por la competencia entre los propios trabajadores
the political class is continually being upset again by the competition between the workers themselves

Pero la clase política sigue levantándose de nuevo, más fuerte, más firme, más poderosa
But the political class continues to rise up again, stronger, firmer, mightier

Obliga al reconocimiento legislativo de los intereses particulares de los trabajadores
It compels legislative recognition of particular interests of the workers

lo hace aprovechándose de las divisiones en el seno de la propia burguesía
it does this by taking advantage of the divisions among the Bourgeoisie itself

De este modo, el proyecto de ley de las diez horas en Inglaterra se convirtió en ley
Thus the ten-hours' bill in England was put into law

en muchos sentidos, las colisiones entre las clases de la vieja sociedad son, además, el curso del desarrollo del proletariado
in many ways the collisions between the classes of the old society further is the course of development of the Proletariat
La burguesía se ve envuelta en una batalla constante
The Bourgeoisie finds itself involved in a constant battle
Al principio se verá envuelto en una batalla constante con la aristocracia
At first it will find itself involved in a constant battle with the aristocracy
más tarde se verá envuelta en una batalla constante con esas partes de la propia burguesía
later on it will find itself involved in a constant battle with those portions of the Bourgeoisie itself
y sus intereses se habrán vuelto antagónicos al progreso de la industria
and their interests will have become antagonistic to the progress of industry
en todo momento, sus intereses se habrán vuelto antagónicos con la burguesía de los países extranjeros
at all times, their interests will have become antagonistic with the Bourgeoisie of foreign countries
En todas estas batallas se ve obligado a apelar al proletariado y pide su ayuda
In all these battles it sees itself compelled to appeal to the Proletariat, and asks for its help
y, por lo tanto, se sentirá obligado a arrastrarlo a la arena política
and thus, it will feel compelled to drag it into the political arena
La burguesía misma, por lo tanto, suministra al proletariado sus propios instrumentos de educación política y general
The Bourgeoisie itself, therefore, supplies the Proletariat with its own instruments of political and general education

en otras palabras, suministra al proletariado armas para luchar contra la burguesía
in other words, it furnishes the Proletariat with weapons for fighting the Bourgeoisie

Además, como ya hemos visto, sectores enteros de las clases dominantes se precipitan en el proletariado
Further, as we have already seen, entire sections of the ruling classes are precipitated into the Proletariat

el avance de la industria los absorbe en el proletariado
the advance of industry sucks them into the Proletariat

o, al menos, están amenazados en sus condiciones de existencia
or, at least, they are threatened in their conditions of existence

Estos también suministran al proletariado nuevos elementos de ilustración y progreso
These also supply the Proletariat with fresh elements of enlightenment and progress

Finalmente, en momentos en que la lucha de clases se acerca a la hora decisiva
Finally, in times when the class struggle nears the decisive hour

el proceso de disolución que se está llevando a cabo en el seno de la clase dominante
the process of dissolution going on within the ruling class

De hecho, la disolución que se está produciendo en el seno de la clase dominante se sentirá en toda la sociedad
in fact, the dissolution going on within the ruling class will be felt within the whole range of society

Tomará un carácter tan violento y deslumbrante, que un pequeño sector de la clase dominante se quedará a la deriva
it will take on such a violent, glaring character, that a small section of the ruling class cuts itself adrift

y esa clase dominante se unirá a la clase revolucionaria
and that ruling class will join the revolutionary class

La clase revolucionaria es la clase que tiene el futuro en sus manos

the revolutionary class being the class that holds the future in its hands

Al igual que en un período anterior, una parte de la nobleza se pasó a la burguesía

Just as at an earlier period, a section of the nobility went over to the Bourgeoisie

de la misma manera que una parte de la burguesía se pasará al proletariado

the same way a portion of the Bourgeoisie will go over to the Proletariat

en particular, una parte de la burguesía pasará a una parte de los ideólogos de la burguesía

in particular, a portion of the Bourgeoisie will go over to a portion of the Bourgeoisie ideologists

Ideólogos burgueses que se han elevado al nivel de comprender teóricamente el movimiento histórico en su conjunto

Bourgeoisie ideologists who have raised themselves to the level of comprehending theoretically the historical movement as a whole

De todas las clases que hoy se encuentran frente a frente con la burguesía, sólo el proletariado es una clase realmente revolucionaria

Of all the classes that stand face to face with the Bourgeoisie today, the Proletariat alone is a really revolutionary class

Las otras clases decaen y finalmente desaparecen frente a la industria moderna

The other classes decay and finally disappear in the face of Modern Industry

el proletariado es su producto especial y esencial

the Proletariat is its special and essential product

La clase media baja, el pequeño fabricante, el tendero, el artesano, el campesino

The lower middle class, the small manufacturer, the shopkeeper, the artisan, the peasant

todos ellos luchan contra la burguesía

all these fight against the Bourgeoisie
Luchan como fracciones de la clase media para salvarse de la extinción
they fight as fractions of the middle class to save themselves from extinction
Por lo tanto, no son revolucionarios, sino conservadores
They are therefore not revolutionary, but conservative
Más aún, son reaccionarios, porque tratan de hacer retroceder la rueda de la historia
Nay more, they are reactionary, for they try to roll back the wheel of history
Si por casualidad son revolucionarios, lo son sólo en vista de su inminente transferencia al proletariado
If by chance they are revolutionary, they are so only in view of their impending transfer into the Proletariat
Por lo tanto, no defienden sus intereses presentes, sino sus intereses futuros
they thus defend not their present, but their future interests
abandonan su propio punto de vista para situarse en el del proletariado
they desert their own standpoint to place themselves at that of the Proletariat
La "clase peligrosa", la escoria social, esa masa pasivamente putrefacta arrojada por las capas más bajas de la vieja sociedad
The "dangerous class," the social scum, that passively rotting mass thrown off by the lowest layers of old society
pueden, aquí y allá, ser arrastrados al movimiento por una revolución proletaria
they may, here and there, be swept into the movement by a proletarian revolution
Sus condiciones de vida, sin embargo, la preparan mucho más para el papel de un instrumento sobornado de la intriga reaccionaria
its conditions of life, however, prepare it far more for the part of a bribed tool of reactionary intrigue

En las condiciones del proletariado, los de la vieja sociedad en general están ya virtualmente desbordados
In the conditions of the Proletariat, those of old society at large are already virtually swamped

El proletario carece de propiedad
The proletarian is without property

su relación con su mujer y sus hijos ya no tiene nada en común con las relaciones familiares de la burguesía
his relation to his wife and children has no longer anything in common with the Bourgeoisie's family-relations

el trabajo industrial moderno, el sometimiento moderno al capital, lo mismo en Inglaterra que en Francia, en Estados Unidos como en Alemania
modern industrial labour, modern subjection to capital, the same in England as in France, in America as in Germany

Su condición en la sociedad lo ha despojado de todo rastro de carácter nacional
his condition in society has stripped him of every trace of national character

El derecho, la moral, la religión, son para él otros tantos prejuicios burgueses
Law, morality, religion, are to him so many Bourgeoisie prejudices

y detrás de estos prejuicios acechan emboscados otros tantos intereses burgueses
and behind these prejudices lurk in ambush just as many Bourgeoisie interests

Todas las clases precedentes que se impusieron trataron de fortalecer su estatus ya adquirido
All the preceding classes that got the upper hand, sought to fortify their already acquired status

Lo hicieron sometiendo a la sociedad en general a sus condiciones de apropiación
they did this by subjecting society at large to their conditions of appropriation

Los proletarios no pueden llegar a ser dueños de las fuerzas productivas de la sociedad
The proletarians cannot become masters of the productive forces of society
sólo puede hacerlo aboliendo su propio modo anterior de apropiación
it can only do this by abolishing their own previous mode of appropriation
y, por lo tanto, también suprime cualquier otro modo anterior de apropiación
and thereby it also abolishes every other previous mode of appropriation
No tienen nada propio que asegurar y fortificar
They have nothing of their own to secure and to fortify
Su misión es destruir todos los valores y seguros anteriores de la propiedad individual
their mission is to destroy all previous securities for, and insurances of, individual property

Todos los movimientos históricos anteriores fueron movimientos de minorías
All previous historical movements were movements of minorities
o eran movimientos en interés de las minorías
or they were movements in the interests of minorities
El movimiento proletario es el movimiento consciente e independiente de la inmensa mayoría
The proletarian movement is the self-conscious, independent movement of the immense majority
Y es un movimiento en interés de la inmensa mayoría
and it is a movement in the interests of the immense majority
El proletariado, el estrato más bajo de nuestra sociedad actual
The Proletariat, the lowest stratum of our present society
no puede agitarse ni elevarse sin que todos los estratos superiores de la sociedad oficial salgan al aire

it cannot stir or raise itself up without the whole superincumbent strata of official society being sprung into the air

Aunque no en el fondo, sí en la forma, la lucha del proletariado con la burguesía es, al principio, una lucha nacional

Though not in substance, yet in form, the struggle of the Proletariat with the Bourgeoisie is at first a national struggle

El proletariado de cada país debe, por supuesto, en primer lugar arreglar las cosas con su propia burguesía

The Proletariat of each country must, of course, first of all settle matters with its own Bourgeoisie

Al describir las fases más generales del desarrollo del proletariado, hemos trazado la guerra civil más o menos velada

In depicting the most general phases of the development of the Proletariat, we traced the more or less veiled civil war

Este civil está haciendo estragos dentro de la sociedad existente

this civil is raging within existing society

Se enfurecerá hasta el punto en que esa guerra estalle en una revolución abierta

it will rage up to the point where that war breaks out into open revolution

y luego el derrocamiento violento de la burguesía sienta las bases para el dominio del proletariado

and then the violent overthrow of the Bourgeoisie lays the foundation for the sway of the Proletariat

Hasta ahora, todas las formas de sociedad se han basado, como ya hemos visto, en el antagonismo de las clases opresoras y oprimidas

Hitherto, every form of society has been based, as we have already seen, on the antagonism of oppressing and oppressed classes

Pero para oprimir a una clase, hay que asegurarle ciertas condiciones
But in order to oppress a class, certain conditions must be assured to it
La clase debe ser mantenida en condiciones en las que pueda, por lo menos, continuar su existencia servil
the class must be kept under conditions in which it can, at least, continue its slavish existence
El siervo, en el período de la servidumbre, se elevaba a la comuna
The serf, in the period of serfdom, raised himself to membership in the commune
del mismo modo que la pequeña burguesía, bajo el yugo del absolutismo feudal, logró convertirse en burguesía
just as the petty Bourgeoisie, under the yoke of feudal absolutism, managed to develop into a Bourgeoisie
El obrero moderno, por el contrario, en lugar de elevarse con el progreso de la industria, se hunde cada vez más
The modern labourer, on the contrary, instead of rising with the progress of industry, sinks deeper and deeper
se hunde por debajo de las condiciones de existencia de su propia clase
he sinks below the conditions of existence of his own class
Se convierte en un indigente, y el pauperismo se desarrolla más rápidamente que la población y la riqueza
He becomes a pauper, and pauperism develops more rapidly than population and wealth
Y aquí se hace evidente que la burguesía ya no es apta para ser la clase dominante de la sociedad
And here it becomes evident, that the Bourgeoisie is unfit any longer to be the ruling class in society
y no es apta para imponer sus condiciones de existencia a la sociedad como una ley imperativa
and it is unfit to impose its conditions of existence upon society as an over-riding law

Es incapaz de gobernar porque es incapaz de asegurar una existencia a su esclavo dentro de su esclavitud
It is unfit to rule because it is incompetent to assure an existence to its slave within his slavery
porque no puede evitar dejarlo hundirse en tal estado, que tiene que alimentarlo, en lugar de ser alimentado por él
because it cannot help letting him sink into such a state, that it has to feed him, instead of being fed by him
La sociedad ya no puede vivir bajo esta burguesía
Society can no longer live under this Bourgeoisie
En otras palabras, su existencia ya no es compatible con la sociedad
in other words, its existence is no longer compatible with society

La condición esencial para la existencia y el dominio de la burguesía es la formación y el aumento del capital
The essential condition for the existence, and for the sway of the Bourgeoisie class, is the formation and augmentation of capital
La condición del capital es el trabajo asalariado
the condition for capital is wage-labour
El trabajo asalariado se basa exclusivamente en la competencia entre los trabajadores
Wage-labour rests exclusively on competition between the labourers
El avance de la industria, cuyo promotor involuntario es la burguesía, sustituye al aislamiento de los obreros
The advance of industry, whose involuntary promoter is the Bourgeoisie, replaces the isolation of the labourers
por la competencia, por su combinación revolucionaria, por la asociación
due to competition, due to their revolutionary combination, due to association

El desarrollo de la industria moderna corta bajo sus pies los cimientos mismos sobre los cuales la burguesía produce y se apropia de los productos
The development of Modern Industry cuts from under its feet the very foundation on which the Bourgeoisie produces and appropriates products
Lo que la burguesía produce, sobre todo, son sus propios sepultureros
What the Bourgeoisie produces, above all, is its own grave-diggers
La caída de la burguesía y la victoria del proletariado son igualmente inevitables
The fall of the Bourgeoisie and the victory of the Proletariat are equally inevitable

Proletarios y Comunistas
- Proletarians and Communists -

¿Qué relación tienen los comunistas con el conjunto de los proletarios?
In what relation do the Communists stand to the proletarians as a whole?
Los comunistas no forman un partido separado opuesto a otros partidos de la clase obrera
The Communists do not form a separate party opposed to other working-class parties
No tienen intereses separados y aparte de los del proletariado en su conjunto
They have no interests separate and apart from those of the proletariat as a whole
No establecen ningún principio sectario propio, con el cual dar forma y moldear el movimiento proletario
They do not set up any sectarian principles of their own, by which to shape and mould the proletarian movement
Los comunistas se distinguen de los demás partidos obreros sólo por dos cosas
The Communists are distinguished from the other working-class parties by only two things
En primer lugar, señalan y ponen en primer plano los intereses comunes de todo el proletariado, independientemente de toda nacionalidad
Firstly, they point out and bring to the front the common interests of the entire proletariat, independently of all nationality
Esto lo hacen en las luchas nacionales de los proletarios de los diferentes países
this they do in the national struggles of the proletarians of the different countries
En segundo lugar, siempre y en todas partes representan los intereses del movimiento en su conjunto

Secondly, they always and everywhere represent the interests of the movement as a whole

esto lo hacen en las diversas etapas de desarrollo por las que tiene que pasar la lucha de la clase obrera contra la burguesía

this they do in the various stages of development, which the struggle of the working class against the Bourgeoisie has to pass through

Los comunistas son, por lo tanto, por una parte, prácticamente, el sector más avanzado y resuelto de los partidos obreros de todos los países

The Communists, therefore, are on the one hand, practically, the most advanced and resolute section of the working-class parties of every country

Son ese sector de la clase obrera que empuja hacia adelante a todos los demás

they are that section of the working class which pushes forward all others

Teóricamente, también tienen la ventaja de entender claramente la línea de marcha

theoretically, they also have the advantage of clearly understanding the line of march

Esto lo comprenden mejor comparado con la gran masa del proletariado

this they understand better compared the great mass of the proletariat

Comprenden las condiciones y los resultados generales finales del movimiento proletario

they understand the conditions, and the ultimate general results of the proletarian movement

El objetivo inmediato del comunista es el mismo que el de todos los demás partidos proletarios

The immediate aim of the Communist is the same as that of all the other proletarian parties

Su objetivo es la formación del proletariado en una clase

their aim is the formation of the proletariat into a class

su objetivo es derrocar la supremacía burguesa
they aim to overthrow the Bourgeoisie supremacy
la lucha por la conquista del poder político por el proletariado
the strive for the conquest of political power by the proletariat

Las conclusiones teóricas de los comunistas no se basan en modo alguno en ideas o principios de reformadores
The theoretical conclusions of the Communists are in no way based on ideas or principles of reformers
no fueron los aspirantes a reformadores universales los que inventaron o descubrieron las conclusiones teóricas de los comunistas
it wasn't would-be universal reformers that invented or discovered the theoretical conclusions of the Communists
Se limitan a expresar, en términos generales, las relaciones reales que surgen de una lucha de clases existente
They merely express, in general terms, actual relations springing from an existing class struggle
Y describen el movimiento histórico que está ocurriendo ante nuestros propios ojos y que ha creado esta lucha de clases
and they describe the historical movement going on under our very eyes that have created this class struggle
La abolición de las relaciones de propiedad existentes no es en absoluto un rasgo distintivo del comunismo
The abolition of existing property relations is not at all a distinctive feature of Communism
Todas las relaciones de propiedad en el pasado han estado continuamente sujetas a cambios históricos
All property relations in the past have continually been subject to historical change
y estos cambios fueron consecuencia del cambio en las condiciones históricas
and these changes were consequent upon the change in historical conditions

La Revolución Francesa, por ejemplo, abolió la propiedad feudal en favor de la propiedad burguesa
The French Revolution, for example, abolished feudal property in favour of Bourgeoisie property
El rasgo distintivo del comunismo no es la abolición de la propiedad, en general
The distinguishing feature of Communism is not the abolition of property, generally
pero el rasgo distintivo del comunismo es la abolición de la propiedad burguesa
but the distinguishing feature of Communism is the abolition of Bourgeoisie property
Pero la propiedad privada de la burguesía moderna es la expresión última y más completa del sistema de producción y apropiación de productos
But modern Bourgeoisie private property is the final and most complete expression of the system of producing and appropriating products
Es el estado final de un sistema que se basa en los antagonismos de clase, donde el antagonismo de clase es la explotación de la mayoría por unos pocos
it is the final state of a system that is based on class antagonisms, where class antagonism is the exploitation of the many by the few
En este sentido, la teoría de los comunistas puede resumirse en una sola frase; la abolición de la propiedad privada
In this sense, the theory of the Communists may be summed up in the single sentence; the Abolition of private property
A los comunistas se nos ha reprochado el deseo de abolir el derecho de adquirir personalmente la propiedad
We Communists have been reproached with the desire of abolishing the right of personally acquiring property
Se afirma que esta propiedad es el fruto del propio trabajo de un hombre
it is claimed that this property is the fruit of a man's own labour

y se alega que esta propiedad es la base de toda libertad, actividad e independencia personal.
and this property is alleged to be the groundwork of all personal freedom, activity and independence.
"¡Propiedad ganada con esfuerzo, adquirida por uno mismo, ganada por uno mismo!"
"Hard-won, self-acquired, self-earned property!"
¿Te refieres a la propiedad del pequeño artesano y del pequeño campesino?
Do you mean the property of the petty artisan and of the small peasant?
¿Te refieres a una forma de propiedad que precedió a la forma burguesa?
Do you mean a form of property that preceded the Bourgeoisie form?
No hay necesidad de abolir eso, el desarrollo de la industria ya lo ha destruido en gran medida
There is no need to abolish that, the development of industry has to a great extent already destroyed it
y el desarrollo de la industria sigue destruyéndola diariamente
and development of industry is still destroying it daily
¿O te refieres a la propiedad privada de la burguesía moderna?
Or do you mean modern Bourgeoisie private property?
Pero, ¿crea el trabajo asalariado alguna propiedad para el trabajador?
But does wage-labour create any property for the labourer?
¡No, el trabajo asalariado no crea ni una pizca de este tipo de propiedad!
no, wage labour creates not one bit of this kind of property!
Lo que sí crea el trabajo asalariado es capital; ese tipo de propiedad que explota el trabajo asalariado
what wage labour does create is capital; that kind of property which exploits wage-labour

El capital no puede aumentar sino a condición de engendrar una nueva oferta de trabajo asalariado para una nueva explotación
capital cannot increase except upon condition of begetting a new supply of wage-labour for fresh exploitation
La propiedad, en su forma actual, se basa en el antagonismo entre el capital y el trabajo asalariado
Property, in its present form, is based on the antagonism of capital and wage-labour
Examinemos los dos lados de este antagonismo
Let us examine both sides of this antagonism
Ser capitalista es tener no sólo un estatus puramente personal
To be a capitalist is to have not only a purely personal status
En cambio, ser capitalista es también tener un estatus social en la producción
instead, to be a capitalist is also to have a social status in production
porque el capital es un producto colectivo; Sólo mediante la acción unida de muchos miembros puede ponerse en marcha
because capital is a collective product; only by the united action of many members can it be set in motion
Pero esta acción unida es el último recurso, y en realidad requiere de todos los miembros de la sociedad
but this united action is a last resort, and actually requires all members of society
El capital se convierte en propiedad de todos los miembros de la sociedad
Capital does get converted into the property of all members of society
pero el Capital no es, por lo tanto, un poder personal; Es un poder social
but Capital is, therefore, not a personal power; it is a social power
Así, cuando el capital se convierte en propiedad social, la propiedad personal no se transforma en propiedad social

so when capital is converted into social property, personal property is not thereby transformed into social property

Lo único que cambia es el carácter social de la propiedad y pierde su carácter de clase

It is only the social character of the property that is changed, and loses its class-character

Veamos ahora el trabajo asalariado

Let us now look at wage-labour

El precio medio del trabajo asalariado es el salario mínimo, es decir, la cantidad de medios de subsistencia

The average price of wage-labour is the minimum wage, i.e., that quantum of the means of subsistence

Este salario es absolutamente necesario en la mera existencia de un obrero

this wage is absolutely requisite in bare existence as a labourer

Por lo tanto, lo que el asalariado se apropia por medio de su trabajo, sólo basta para prolongar y reproducir una existencia desnuda

What, therefore, the wage-labourer appropriates by means of his labour, merely suffices to prolong and reproduce a bare existence

De ninguna manera pretendemos abolir esta apropiación personal de los productos del trabajo

We by no means intend to abolish this personal appropriation of the products of labour

una apropiación que se hace para el mantenimiento y la reproducción de la vida humana

an appropriation that is made for the maintenance and reproduction of human life

Tal apropiación personal de los productos del trabajo no deja ningún excedente con el que ordenar el trabajo de otros

such personal appropriation of the products of labour leave no surplus wherewith to command the labour of others

Lo único que queremos eliminar es el carácter miserable de esta apropiación

All that we want to do away with, is the miserable character of this appropriation

la apropiación bajo la cual vive el obrero sólo para aumentar el capital

the appropriation under which the labourer lives merely to increase capital

Sólo se le permite vivir en la medida en que lo exija el interés de la clase dominante

he is allowed to live only in so far as the interest of the ruling class requires it

En la sociedad burguesa, el trabajo vivo no es más que un medio para aumentar el trabajo acumulado

In Bourgeoisie society, living labour is but a means to increase accumulated labour

En la sociedad comunista, el trabajo acumulado no es más que un medio para ampliar, para enriquecer y para promover la existencia del obrero

In Communist society, accumulated labour is but a means to widen, to enrich, to promote the existence of the labourer

En la sociedad burguesa, por lo tanto, el pasado domina al presente

In Bourgeoisie society, therefore, the past dominates the present

en la sociedad comunista el presente domina al pasado

in Communist society the present dominates the past

En la sociedad burguesa el capital es independiente y tiene individualidad

In Bourgeoisie society capital is independent and has individuality

En la sociedad burguesa la persona viva es dependiente y no tiene individualidad

In Bourgeoisie society the living person is dependent and has no individuality

¡Y la abolición de este estado de cosas es llamada por la burguesía, abolición de la individualidad y de la libertad!

And the abolition of this state of things is called by the Bourgeoisie, abolition of individuality and freedom!
¡Y con razón se llama la abolición de la individualidad y de la libertad!
And it is rightly called the abolition of individuality and freedom!
El comunismo aspira a la abolición de la individualidad burguesa
Communism aims for the abolition of Bourgeoisie individuality
El comunismo pretende la abolición de la independencia burguesa
Communism intends for the abolition of Bourgeoisie independence
La libertad burguesa es, sin duda, a lo que aspira el comunismo
Bourgeoisie freedom is undoubtedly what communism is aiming at
en las actuales condiciones de producción de la burguesía, la libertad significa libre comercio, libre venta y compra
under the present Bourgeoisie conditions of production, freedom means free trade, free selling and buying
Pero si desaparece la venta y la compra, también desaparece la libre venta y la compra
But if selling and buying disappears, free selling and buying also disappears
Las "palabras valientes" de la burguesía sobre la libre venta y compra sólo tienen sentido en un sentido limitado
"brave words" by the Bourgeoisie about free selling and buying only have meaning in a limited sense
Estas palabras tienen significado solo en contraste con la venta y la compra restringidas
these words have meaning only in contrast with restricted selling and buying
y estas palabras sólo tienen sentido cuando se aplican a los comerciantes encadenados de la Edad Media

and these words have meaning only when applied to the fettered traders of the Middle Ages

y eso supone que estas palabras incluso tienen un significado en un sentido burgués

and that assumes these words even have meaning in a Bourgeoisie sense

pero estas palabras no tienen ningún significado cuando se usan para oponerse a la abolición comunista de la compra y venta

but these words have no meaning when they're being used to oppose the Communistic abolition of buying and selling

las palabras no tienen sentido cuando se usan para oponerse a la abolición de las condiciones de producción de la burguesía

the words have no meaning when they're being used to oppose the Bourgeoisie conditions of production being abolished

y no tienen ningún sentido cuando se utilizan para oponerse a la abolición de la propia burguesía

and they have no meaning when they're being used to oppose the Bourgeoisie itself being abolished

Ustedes están horrorizados de nuestra intención de acabar con la propiedad privada

You are horrified at our intending to do away with private property

Pero en la sociedad actual, la propiedad privada ya ha sido eliminada para las nueve décimas partes de la población

But in your existing society, private property is already done away with for nine-tenths of the population

La existencia de la propiedad privada para unos pocos se debe únicamente a su inexistencia en manos de las nueve décimas partes de la población

the existence of private property for the few is solely due to its non-existence in the hands of nine-tenths of the population

Por lo tanto, nos reprochas que pretendamos acabar con una forma de propiedad

You reproach us, therefore, with intending to do away with a form of property

Pero la propiedad privada requiere la inexistencia de propiedad alguna para la inmensa mayoría de la sociedad

but private property necessitates the non-existence of any property for the immense majority of society

En una palabra, nos reprochas que pretendamos acabar con tu propiedad

In one word, you reproach us with intending to do away with your property

Y es precisamente así; prescindir de su propiedad es justo lo que pretendemos

And it is precisely so; doing away with your Property is just what we intend

Desde el momento en que el trabajo ya no puede convertirse en capital, dinero o renta

From the moment when labour can no longer be converted into capital, money, or rent

cuando el trabajo ya no puede convertirse en un poder social capaz de ser monopolizado

when labour can no longer be converted into a social power capable of being monopolised

desde el momento en que la propiedad individual ya no puede transformarse en propiedad burguesa

from the moment when individual property can no longer be transformed into Bourgeoisie property

desde el momento en que la propiedad individual ya no puede transformarse en capital

from the moment when individual property can no longer be transformed into capital

A partir de ese momento, dices que la individualidad se desvanece

from that moment, you say individuality vanishes

Debéis confesar, pues, que por "individuo" no os referimos a otra persona que a la burguesía

You must, therefore, confess that by "individual" you mean no other person than the Bourgeoisie

Debes confesar que se refiere específicamente al propietario de una propiedad de clase media

you must confess it specifically refers to the middle-class owner of property

Esta persona debe, en verdad, ser barrida del camino, y hecha imposible

This person must, indeed, be swept out of the way, and made impossible

El comunismo no priva a ningún hombre del poder de apropiarse de los productos de la sociedad

Communism deprives no man of the power to appropriate the products of society

todo lo que hace el comunismo es privarlo del poder de subyugar el trabajo de otros por medio de tal apropiación

all that Communism does is to deprive him of the power to subjugate the labour of others by means of such appropriation

Se ha objetado que, tras la abolición de la propiedad privada, cesará todo trabajo

It has been objected that upon the abolition of private property all work will cease

y entonces se sugiere que la pereza universal se apoderará de nosotros

and it is then suggested that universal laziness will overtake us

De acuerdo con esto, la sociedad burguesa debería haber ido hace mucho tiempo a los perros por pura ociosidad

According to this, Bourgeoisie society ought long ago to have gone to the dogs through sheer idleness

porque los de sus miembros que trabajan, no adquieren nada

because those of its members who work, acquire nothing

y los de sus miembros que adquieren algo, no trabajan

and those of its members who acquire anything, do not work

Toda esta objeción no es más que otra expresión de la tautología
The whole of this objection is but another expression of the tautology
Ya no puede haber trabajo asalariado cuando ya no hay capital
there can no longer be any wage-labour when there is no longer any capital
No hay diferencia entre los productos materiales y los productos mentales
there is no difference between material products and mental products
El comunismo propone que ambos se producen de la misma manera
communism proposes both of these are produced in the same way
pero las objeciones contra los modos comunistas de producirlos son las mismas
but the objections against the Communistic modes of producing these are the same
para la burguesía, la desaparición de la propiedad de clase es la desaparición de la producción misma
to the Bourgeoisie the disappearance of class property is the disappearance of production itself
De modo que la desaparición de la cultura de clase es para él idéntica a la desaparición de toda cultura
so the disappearance of class culture is to him identical with the disappearance of all culture
Esa cultura, cuya pérdida lamenta, es para la inmensa mayoría un mero entrenamiento para actuar como una máquina
That culture, the loss of which he laments, is for the enormous majority a mere training to act as a machine
Los comunistas tienen la firme intención de abolir la cultura de la propiedad burguesa

Communists very much intend to abolish the culture of Bourgeoisie property

Pero no discutan con nosotros mientras apliquen el estándar de sus nociones burguesas de libertad, cultura, ley, etc
But don't wrangle with us so long as you apply the standard of your Bourgeoisie notions of freedom, culture, law, etc

Vuestras mismas ideas no son más que el resultado de las condiciones de la producción burguesa y de la propiedad burguesa
Your very ideas are but the outgrowth of the conditions of your Bourgeoisie production and Bourgeoisie property

del mismo modo que vuestra jurisprudencia no es más que la voluntad de vuestra clase convertida en ley para todos
just as your jurisprudence is but the will of your class made into a law for all

El carácter esencial y la dirección de esta voluntad están determinados por las condiciones económicas que crea su clase social
the essential character and direction of this will are determined by the economical conditions your social class create

El concepto erróneo egoísta que te induce a transformar las formas sociales en leyes eternas de la naturaleza y de la razón
The selfish misconception that induces you to transform social forms into eternal laws of nature and of reason

las formas sociales que brotan de vuestro actual modo de producción y de vuestra forma de propiedad
the social forms springing from your present mode of production and form of property

relaciones históricas que surgen y desaparecen en el progreso de la producción
historical relations that rise and disappear in the progress of production

Este concepto erróneo lo compartes con todas las clases dominantes que te han precedido
this misconception you share with every ruling class that has preceded you
Lo que se ve claramente en el caso de la propiedad antigua, lo que se admite en el caso de la propiedad feudal
What you see clearly in the case of ancient property, what you admit in the case of feudal property
estas cosas, por supuesto, le está prohibido admitir en el caso de su propia forma burguesa de propiedad
these things you are of course forbidden to admit in the case of your own Bourgeoisie form of property

¡Abolición de la familia! Hasta los más radicales estallan ante esta infame propuesta de los comunistas
Abolition of the family! Even the most radical flare up at this infamous proposal of the Communists
¿Sobre qué base se asienta la familia actual, la familia Bourgeoisie?
On what foundation is the present family, the Bourgeoisie family, based?
La base de la familia actual se basa en el capital y la ganancia privada
the foundation of the present family is based on capital and private gain
En su forma completamente desarrollada, esta familia sólo existe entre la burguesía
In its completely developed form this family exists only among the Bourgeoisie
Este estado de cosas encuentra su complemento en la ausencia práctica de la familia entre los proletarios
this state of things finds its complement in the practical absence of the family among the proletarians
Este estado de cosas se puede encontrar en la prostitución pública
this state of things can be found in public prostitution

La familia Bourgeoisie se desvanecerá como algo natural cuando su complemento se desvanezca
The Bourgeoisie family will vanish as a matter of course when its complement vanishes
y ambos se desvanecerán con la desaparición del capital
and both of these will will vanish with the vanishing of capital
¿Nos acusan de querer detener la explotación de los niños por parte de sus padres?
Do you charge us with wanting to stop the exploitation of children by their parents?
De este crimen nos declaramos culpables
To this crime we plead guilty
Pero, dirás, destruimos la más sagrada de las relaciones, cuando reemplazamos la educación en el hogar por la educación social
But, you will say, we destroy the most hallowed of relations, when we replace home education by social education
¿No es también social su educación? ¿Y no está determinado por las condiciones sociales en las que se educa?
is your education not also social? And is it not determined by the social conditions under which you educate?
por la intervención, directa o indirecta, de la sociedad, por medio de las escuelas, etc.
by the intervention, direct or indirect, of society, by means of schools, etc.
Los comunistas no han inventado la intervención de la sociedad en la educación
The Communists have not invented the intervention of society in education
lo único que pretenden es alterar el carácter de esa intervención
they do but seek to alter the character of that intervention
y buscan rescatar la educación de la influencia de la clase dominante
and they seek to rescue education from the influence of the ruling class

La burguesía habla de la sagrada correlación entre padres e hijos
The Bourgeoisie talk of the hallowed co-relation of parent and child
pero esta trampa sobre la familia y la educación se vuelve aún más repugnante cuando miramos a la industria moderna
but this clap-trap about the family and education becomes all the more disgusting when we look at Modern Industry
Todos los lazos familiares entre los proletarios son desgarrados por la industria moderna
all family ties among the proletarians are torn asunder by modern industry
Sus hijos se transforman en simples artículos de comercio e instrumentos de trabajo
their children are transformed into simple articles of commerce and instruments of labour

Pero vosotros, los comunistas, creáis una comunidad de mujeres, grita a coro toda la burguesía
But you Communists would create a community of women, screams the whole Bourgeoisie in chorus
La burguesía ve en su mujer un mero instrumento de producción
The Bourgeoisie sees in his wife a mere instrument of production
Oye que los instrumentos de producción deben ser explotados por todos
He hears that the instruments of production are to be exploited by all
Y, naturalmente, no puede llegar a otra conclusión que la de que la suerte de ser común a todos recaerá igualmente en las mujeres
and, naturally, he can come to no other conclusion than that the lot of being common to all will likewise fall to women

Ni siquiera sospecha que el verdadero objetivo es acabar con la condición de la mujer como meros instrumentos de producción
He has not even a suspicion that the real point is to do away with the status of women as mere instruments of production
Por lo demás, nada es más ridículo que la virtuosa indignación de nuestra burguesía contra la comunidad de mujeres
For the rest, nothing is more ridiculous than the virtuous indignation of our Bourgeoisie at the community of women
pretenden que sea abierta y oficialmente establecida por los comunistas
they pretend it is to be openly and officially established by the Communists
Los comunistas no tienen necesidad de introducir la comunidad de mujeres, ha existido casi desde tiempos inmemoriales
The Communists have no need to introduce community of women, it has existed almost from time immemorial
Nuestra burguesía no se contenta con tener a su disposición a las mujeres e hijas de sus proletarios
Our Bourgeoisie are not content with having the wives and daughters of their proletarians at their disposal
Tienen el mayor placer en seducir a las esposas de los demás
they take the greatest pleasure in seducing each other's wives
Y eso sin hablar de las prostitutas comunes
and that is not even to speak of common prostitutes
El matrimonio burgués es en realidad un sistema de esposas en común
Bourgeoisie marriage is in reality a system of wives in common
entonces hay una cosa que se podría reprochar a los comunistas
then there is one thing that the Communists might possibly be reproached with

Desean introducir una comunidad de mujeres abiertamente legalizada
they desire to introduce an openly legalised community of women
en lugar de una comunidad de mujeres hipócritamente oculta
rather than a hypocritically concealed community of women
la comunidad de mujeres que surgen del sistema de producción
the community of women springing from the system of production
abolid el sistema de producción y abolid la comunidad de mujeres
abolish the system of production, and you abolish the community of women
Se suprime la prostitución pública y la prostitución privada
both public prostitution is abolished, and private prostitution

A los comunistas se les reprocha, además, que desean abolir los países y las nacionalidades
The Communists are further more reproached with desiring to abolish countries and nationality
Los trabajadores no tienen patria, así que no podemos quitarles lo que no tienen
The working men have no country, so we cannot take from them what they have not got
El proletariado debe, ante todo, adquirir la supremacía política
the proletariat must first of all acquire political supremacy
El proletariado debe elevarse para ser la clase dirigente de la nación
the proletariat must rise to be the leading class of the nation
El proletariado debe constituirse en la nación
the proletariat must constitute itself the nation
es, hasta ahora, nacional, aunque no en el sentido burgués de la palabra

it is, so far, itself national, though not in the Bourgeoisie sense of the word

Las diferencias nacionales y los antagonismos entre los pueblos desaparecen cada día más

National differences and antagonisms between peoples are daily more and more vanishing

debido al desarrollo de la burguesía, a la libertad de comercio, al mercado mundial

owing to the development of the Bourgeoisie, to freedom of commerce, to the world-market

a la uniformidad en el modo de producción y en las condiciones de vida correspondientes

to uniformity in the mode of production and in the conditions of life corresponding thereto

La supremacía del proletariado hará que desaparezcan aún más rápidamente

The supremacy of the proletariat will cause them to vanish still faster

La acción unida, al menos de los principales países civilizados, es una de las primeras condiciones para la emancipación del proletariado

United action, of the leading civilised countries at least, is one of the first conditions for the emancipation of the proletariat

En la medida en que se ponga fin a la explotación de un individuo por otro, también se pondrá fin a la explotación de una nación por otra.

In proportion as the exploitation of one individual by another is put an end to, the exploitation of one nation by another will also be put an end to

A medida que desaparezca el antagonismo entre las clases dentro de la nación, la hostilidad de una nación hacia otra llegará a su fin

In proportion as the antagonism between classes within the nation vanishes, the hostility of one nation to another will come to an end

Las acusaciones contra el comunismo hechas desde un punto de vista religioso, filosófico y, en general, ideológico, no merecen un examen serio

The charges against Communism made from a religious, a philosophical, and, generally, from an ideological standpoint, are not deserving of serious examination

¿Se requiere una intuición profunda para comprender que las ideas, puntos de vista y concepciones del hombre cambian con cada cambio en las condiciones de su existencia material?

Does it require deep intuition to comprehend that man's ideas, views and conceptions changes with every change in the conditions of his material existence?

¿No es obvio que la conciencia del hombre cambia cuando cambian sus relaciones sociales y su vida social?

is it not obvious that man's consciousness changes when his social relations and his social life changes?

¿Qué otra cosa prueba la historia de las ideas sino que la producción intelectual cambia de carácter a medida que cambia la producción material?

What else does the history of ideas prove, than that intellectual production changes its character in proportion as material production is changed?

Las ideas dominantes de cada época han sido siempre las ideas de su clase dominante

The ruling ideas of each age have ever been the ideas of its ruling class

Cuando se habla de ideas que revolucionan la sociedad, no hace más que expresar un hecho

When people speak of ideas that revolutionise society, they do but express one fact

Dentro de la vieja sociedad, se han creado los elementos de una nueva

within the old society, the elements of a new one have been created

y que la disolución de las viejas ideas sigue el mismo ritmo que la disolución de las viejas condiciones de existencia
and that the dissolution of the old ideas keeps even pace with the dissolution of the old conditions of existence

Cuando el mundo antiguo estaba en sus últimos estertores, las religiones antiguas fueron vencidas por el cristianismo
When the ancient world was in its last throes, the ancient religions were overcome by Christianity

Cuando las ideas cristianas sucumbieron en el siglo XVIII a las ideas racionalistas, la sociedad feudal libró su batalla a muerte contra la burguesía revolucionaria de entonces
When Christian ideas succumbed in the 18th century to rationalist ideas, feudal society fought its death battle with the then revolutionary Bourgeoisie

Las ideas de la libertad religiosa y de la libertad de conciencia no hacían más que expresar el dominio de la libre competencia en el dominio del conocimiento
The ideas of religious liberty and freedom of conscience merely gave expression to the sway of free competition within the domain of knowledge

"Indudablemente", se dirá, "las ideas religiosas, morales, filosóficas y jurídicas se han modificado en el curso del desarrollo histórico"
"Undoubtedly," it will be said, "religious, moral, philosophical and juridical ideas have been modified in the course of historical development"

"Pero la religión, la filosofía de la moral, la ciencia política y el derecho, sobrevivieron constantemente a este cambio"
"But religion, morality philosophy, political science, and law, constantly survived this change"

"También hay verdades eternas, como la Libertad, la Justicia, etc."
"There are also eternal truths, such as Freedom, Justice, etc"

"Estas verdades eternas son comunes a todos los estados de la sociedad"
"these eternal truths are common to all states of society"

"Pero el comunismo suprime las verdades eternas, suprime toda religión y toda moral"
"But Communism abolishes eternal truths, it abolishes all religion, and all morality"
"Lo hace en lugar de constituirlos sobre una nueva base"
"it does this instead of constituting them on a new basis"
"Por lo tanto, actúa en contradicción con toda la experiencia histórica pasada"
"it therefore acts in contradiction to all past historical experience"
¿A qué se reduce esta acusación?
What does this accusation reduce itself to?
La historia de toda la sociedad pasada ha consistido en el desarrollo de antagonismos de clase
The history of all past society has consisted in the development of class antagonisms
antagonismos que asumieron diferentes formas en diferentes épocas
antagonisms that assumed different forms at different epochs
Pero cualquiera que sea la forma que hayan tomado, un hecho es común a todas las épocas pasadas
But whatever form they may have taken, one fact is common to all past ages
la explotación de una parte de la sociedad por la otra
the exploitation of one part of society by the other

No es de extrañar, pues, que la conciencia social de épocas pasadas se mueva dentro de ciertas formas comunes o ideas generales
No wonder, then, that the social consciousness of past ages moves within certain common forms, or general ideas
(y eso a pesar de toda la multiplicidad y variedad que muestra)
(and that is despite all the multiplicity and variety it displays)
y éstos no pueden desaparecer por completo sino con la desaparición total de los antagonismos de clase

and these cannot completely vanish except with the total disappearance of class antagonisms

La revolución comunista es la ruptura más radical con las relaciones tradicionales de propiedad

The Communist revolution is the most radical rupture with traditional property relations

No es de extrañar que su desarrollo implique la ruptura más radical con las ideas tradicionales

no wonder that its development involves the most radical rupture with traditional ideas

Pero dejemos de lado las objeciones de la burguesía al comunismo

But let us have done with the Bourgeoisie objections to Communism

Hemos visto más arriba el primer paso de la revolución de la clase obrera

We have seen above the first step in the revolution by the working class

Hay que elevar al proletariado a la posición de gobernante, para ganar la batalla de la democracia

proletariat has to be raised to the position of ruling, to win the battle of democracy

El proletariado utilizará su supremacía política para arrebatar, poco a poco, todo el capital a la burguesía

The proletariat will use its political supremacy to wrest, by degrees, all capital from the Bourgeoisie

centralizará todos los instrumentos de producción en manos del Estado

it will centralise all instruments of production in the hands of the State

En otras palabras, el proletariado organizado como clase dominante

in other words, the proletariat organised as the ruling class

y aumentará el total de las fuerzas productivas lo más rápidamente posible

and it will increase the total of productive forces as rapidly as possible

Por supuesto, al principio, esto no puede llevarse a cabo sino por medio de incursiones despóticas en los derechos de propiedad

Of course, in the beginning, this cannot be effected except by means of despotic inroads on the rights of property

y tiene que lograrse en las condiciones de la producción burguesa

and it has to be achieved on the conditions of Bourgeoisie production

Por lo tanto, se logra mediante medidas que parecen económicamente insuficientes e insostenibles

it is achieved by means of measures, therefore, which appear economically insufficient and untenable

pero estos medios, en el curso del movimiento, se superan a sí mismos

but these means, in the course of the movement, outstrip themselves

Requieren nuevas incursiones en el viejo orden social

they necessitate further inroads upon the old social order

y son ineludibles como medio de revolucionar por completo el modo de producción

and they are unavoidable as a means of entirely revolutionising the mode of production

Por supuesto, estas medidas serán diferentes en los distintos países

These measures will of course be different in different countries

Sin embargo, en los países más avanzados, lo siguiente será de aplicación bastante general

Nevertheless in the most advanced countries, the following will be pretty generally applicable

1. Abolición de la propiedad de la tierra y aplicación de todas las rentas de la tierra a fines públicos.
1. Abolition of property in land and application of all rents of land to public purposes.

2. Un fuerte impuesto progresivo o gradual sobre la renta.
2. A heavy progressive or graduated income tax.

3. Abolición de todo derecho de herencia.
3. Abolition of all right of inheritance.

4. Confiscación de los bienes de todos los emigrantes y rebeldes.
4. Confiscation of the property of all emigrants and rebels.

5. Centralización del crédito en manos del Estado, por medio de un banco nacional de capital estatal y monopolio exclusivo.
5. Centralisation of credit in the hands of the State, by means of a national bank with State capital and an exclusive monopoly.

6. Centralización de los medios de comunicación y transporte en manos del Estado.
6. Centralisation of the means of communication and transport in the hands of the State.

7. Ampliación de fábricas e instrumentos de producción propiedad del Estado
7. Extension of factories and instruments of production owned by the State

la puesta en cultivo de tierras baldías y el mejoramiento del suelo en general de acuerdo con un plan común.
the bringing into cultivation of waste-lands, and the improvement of the soil generally in accordance with a common plan.

8. Igual responsabilidad de todos hacia el trabajo
8. Equal liability of all to labour

Establecimiento de ejércitos industriales, especialmente para la agricultura.
Establishment of industrial armies, especially for agriculture.

9. Combinación de la agricultura con las industrias manufactureras
9. Combination of agriculture with manufacturing industries
Abolición gradual de la distinción entre la ciudad y el campo, por una distribución más equitativa de la población en todo el país.
gradual abolition of the distinction between town and country, by a more equable distribution of the population over the country.
10. Educación gratuita para todos los niños en las escuelas públicas.
10. Free education for all children in public schools.
Abolición del trabajo infantil en las fábricas en su forma actual
Abolition of children's factory labour in its present form
Combinación de la educación con la producción industrial
Combination of education with industrial production

Cuando, en el curso del desarrollo, las distinciones de clase han desaparecido
When, in the course of development, class distinctions have disappeared
y cuando toda la producción se ha concentrado en manos de una vasta asociación de toda la nación
and when all production has been concentrated in the hands of a vast association of the whole nation
entonces el poder público perderá su carácter político
then the public power will lose its political character
El poder político, propiamente dicho, no es más que el poder organizado de una clase para oprimir a otra
Political power, properly so called, is merely the organised power of one class for oppressing another
Si el proletariado, en su lucha contra la burguesía, se ve obligado, por la fuerza de las circunstancias, a organizarse como clase

If the proletariat during its contest with the Bourgeoisie is compelled, by the force of circumstances, to organise itself as a class

si, por medio de una revolución, se convierte en la clase dominante

if, by means of a revolution, it makes itself the ruling class

y, como tal, barre por la fuerza las viejas condiciones de producción

and, as such, it sweeps away by force the old conditions of production

entonces, junto con estas condiciones, habrá barrido las condiciones para la existencia de los antagonismos de clase y de las clases en general

then it will, along with these conditions, have swept away the conditions for the existence of class antagonisms and of classes generally

y con ello habrá abolido su propia supremacía como clase.

and will thereby have abolished its own supremacy as a class.

En lugar de la vieja sociedad burguesa, con sus clases y sus antagonismos de clase, tendremos una asociación

In place of the old Bourgeoisie society, with its classes and class antagonisms, we shall have an association

una asociación en la que el libre desarrollo de cada uno sea la condición para el libre desarrollo de todos

an association in which the free development of each is the condition for the free development of all

1) Socialismo Reaccionario
1) Reactionary Socialism

***

a) Socialismo Feudal
a) Feudal Socialism

las aristocracias de Francia e Inglaterra tenían una posición histórica única
the aristocracies of France and England had a unique historical position
se convirtió en su vocación escribir panfletos contra la sociedad burguesa moderna
it became their vocation to write pamphlets against modern Bourgeoisie society
En la Revolución Francesa de julio de 1830 y en la agitación reformista inglesa
In the French revolution of July 1830, and in the English reform agitation
Estas aristocracias sucumbieron de nuevo ante el odioso advenedizo
these aristocracies again succumbed to the hateful upstart
A partir de entonces, una contienda política seria quedó totalmente fuera de discusión
Thenceforth, a serious political contest was altogether out of the question
Todo lo que quedaba posible era una batalla literaria, no una batalla real
All that remained possible was literary battle, not an actual battle
Pero incluso en el dominio de la literatura, los viejos gritos del período de la restauración se habían vuelto imposibles
But even in the domain of literature the old cries of the restoration period had become impossible

Para despertar simpatías, la aristocracia se vio obligada a perder de vista, aparentemente, sus propios intereses
In order to arouse sympathy, the aristocracy were obliged to lose sight, apparently, of their own interests
y se vieron obligados a formular su acusación contra la burguesía en interés de la clase obrera explotada
and they were obliged to formulate their indictment against the Bourgeoisie in the interest of the exploited working class
Así, la aristocracia se vengó cantando sátiras a su nuevo amo
Thus the aristocracy took their revenge by singing lampoons on their new master
y se vengaron susurrándole al oído siniestras profecías de catástrofe venidera
and they took their revenge by whispering in his ears sinister prophecies of coming catastrophe
De esta manera surgió el socialismo feudal: mitad lamentación, mitad sátira
In this way arose Feudal Socialism: half lamentation, half lampoon
Sonaba como medio eco del pasado y proyectaba mitad amenaza del futuro
it rung as half echo of the past, and projected half menace of the future
a veces, con su crítica amarga, ingeniosa e incisiva, golpeó a la burguesía hasta la médula
at times, by its bitter, witty and incisive criticism, it struck the Bourgeoisie to the very heart's core
pero siempre fue ridículo en su efecto, por su total incapacidad para comprender la marcha de la historia moderna
but it was always ludicrous in its effect, through total incapacity to comprehend the march of modern history
La aristocracia, con el fin de atraer al pueblo hacia ellos, agitaba la bolsa de limosnas proletaria delante como una bandera

The aristocracy, in order to rally the people to them, waved the proletarian alms-bag in front for a banner
Pero el pueblo, tan a menudo como se unía a ellos, veía en sus cuartos traseros los antiguos escudos de armas feudales
But the people, so often as it joined them, saw on their hindquarters the old feudal coats of arms
y desertaron con carcajadas ruidosas e irreverentes
and they deserted with loud and irreverent laughter
Un sector de los legitimistas franceses y de la "Joven Inglaterra" exhibió este espectáculo
One section of the French Legitimists and "Young England" exhibited this spectacle
los feudales señalaban que su modo de explotación era diferente al de la burguesía
the feudalists pointed out that their mode of exploitation was different to that of the Bourgeoisie
Los feudales olvidan que explotaron en circunstancias y condiciones muy diferentes
the feudalists forget that they exploited under circumstances and conditions that were quite different
Y no se dieron cuenta de que tales métodos de explotación ahora son anticuados
and they didn't notice such methods of exploitation are now antiquated
demostraron que, bajo su gobierno, el proletariado moderno nunca existió
they showed that, under their rule, the modern proletariat never existed
pero olvidan que la burguesía moderna es el vástago necesario de su propia forma de sociedad
but they forget that the modern Bourgeoisie is the necessary offspring of their own form of society
Por lo demás, apenas ocultan el carácter reaccionario de su crítica
For the rest, they hardly conceal the reactionary character of their criticism

su principal acusación contra la burguesía es la siguiente
their chief accusation against the Bourgeoisie amounts to the following

bajo el régimen de la burguesía se está desarrollando una clase social
under the Bourgeoisie regime a social class is being developed

Esta clase social está destinada a cortar de raíz el viejo orden de la sociedad
this social class is destined to cut up root and branch the old order of society

Lo que reprochan a la burguesía no es tanto que cree un proletariado
What they upbraid the Bourgeoisie with is not so much that it creates a proletariat

lo que reprochan a la burguesía es más bien que crea un proletariado revolucionario
what they upbraid the Bourgeoisie with is moreso that it creates a revolutionary proletariat

En la práctica política, por lo tanto, se unen a todas las medidas coercitivas contra la clase obrera
In political practice, therefore, they join in all coercive measures against the working class

Y en la vida ordinaria, a pesar de sus frases altisonantes, se inclinan a recoger las manzanas de oro que caen del árbol de la industria
and in ordinary life, despite their highfalutin phrases, they stoop to pick up the golden apples dropped from the tree of industry

y trocan la verdad, el amor y el honor por el comercio de lana, azúcar de remolacha y aguardiente de patata
and they barter truth, love, and honour for commerce in wool, beetroot-sugar, and potato spirits

Así como el párroco ha ido siempre de la mano con el terrateniente, así también lo ha hecho el socialismo clerical con el socialismo feudal

As the parson has ever gone hand in hand with the landlord, so has Clerical Socialism with Feudal Socialism

Nada es más fácil que dar al ascetismo cristiano un tinte socialista

Nothing is easier than to give Christian asceticism a Socialist tinge

¿No ha declamado el cristianismo contra la propiedad privada, contra el matrimonio, contra el Estado?

Has not Christianity declaimed against private property, against marriage, against the State?

¿No ha predicado el cristianismo en lugar de estos, la caridad y la pobreza?

Has Christianity not preached in the place of these, charity and poverty?

¿Acaso el cristianismo no predica el celibato y la mortificación de la carne, la vida monástica y la Madre Iglesia?

Does Christianity not preach celibacy and mortification of the flesh, monastic life and Mother Church?

El socialismo cristiano no es más que el agua bendita con la que el sacerdote consagra los ardores del corazón del aristócrata

Christian Socialism is but the holy water with which the priest consecrates the heart-burnings of the aristocrat

b) Socialismo pequeñoburgués
b) Petty-Bourgeois Socialism

La aristocracia feudal no fue la única clase arruinada por la burguesía
The feudal aristocracy was not the only class that was ruined by the Bourgeoisie
no fue la única clase cuyas condiciones de existencia languidecieron y perecieron en la atmósfera de la sociedad burguesa moderna
it was not the only class whose conditions of existence pined and perished in the atmosphere of modern Bourgeoisie society
Los burgueses medievales y los pequeños propietarios campesinos fueron los precursores de la burguesía moderna
The medieval burgesses and the small peasant proprietors were the precursors of the modern Bourgeoisie
En los países poco desarrollados, industrial y comercialmente, estas dos clases siguen vegetando una al lado de la otra
In those countries which are but little developed, industrially and commercially, these two classes still vegetate side by side
y mientras tanto la burguesía se levanta junto a ellos: industrial, comercial y políticamente
and in the meantime the Bourgeoisie rise up next to them: industrially, commercially, and politically
En los países donde la civilización moderna se ha desarrollado plenamente, se ha formado una nueva clase de pequeña burguesía
In countries where modern civilisation has become fully developed, a new class of petty Bourgeoisie has been formed
esta nueva clase social fluctúa entre el proletariado y la burguesía
this new social class fluctuates between proletariat and Bourgeoisie
y siempre se renueva como parte complementaria de la sociedad burguesa

and it is ever renewing itself as a supplementary part of Bourgeoisie society

Sin embargo, los miembros individuales de esta clase son constantemente arrojados al proletariado

The individual members of this class, however, are being constantly hurled down into the proletariat

son absorbidos por el proletariado a través de la acción de la competencia

they are sucked up by the proletariat through the action of competition

A medida que la industria moderna se desarrolla, incluso ven acercarse el momento en que desaparecerán por completo como sección independiente de la sociedad moderna

as modern industry develops they even see the moment approaching when they will completely disappear as an independent section of modern society

Serán reemplazados, en las manufacturas, la agricultura y el comercio, por vigilantes, alguaciles y tenderos

they will be replaced, in manufactures, agriculture and commerce, by overlookers, bailiffs and shopmen

En países como Francia, donde los campesinos constituyen mucho más de la mitad de la población

In countries like France, where the peasants constitute far more than half of the population

era natural que hubiera escritores que se pusieran del lado del proletariado contra la burguesía

it was natural that there there are writers who sided with the proletariat against the Bourgeoisie

en su crítica al régimen burgués utilizaron el estandarte de la pequeña burguesía campesina

in their criticism of the Bourgeoisie regime they used the standard of the peasant and petty Bourgeoisie

Y desde el punto de vista de estas clases intermedias, toman el garrote de la clase obrera

and from the standpoint of these intermediate classes they take up the cudgels for the working class

Así surgió el socialismo pequeñoburgués, del que Sismondi era el jefe de esta escuela, no sólo en Francia, sino también en Inglaterra

Thus arose petty-Bourgeoisie Socialism, of which Sismondi was the head of this school, not only in France but also in England

Esta escuela del socialismo diseccionó con gran agudeza las contradicciones de las condiciones de producción moderna

This school of Socialism dissected with great acuteness the contradictions in the conditions of modern production

Esta escuela puso al descubierto las apologías hipócritas de los economistas

This school laid bare the hypocritical apologies of economists

Esta escuela demostró, incontrovertiblemente, los efectos desastrosos de la maquinaria y de la división del trabajo

This school proved, incontrovertibly, the disastrous effects of machinery and division of labour

Probó la concentración del capital y de la tierra en pocas manos

it proved the concentration of capital and land in a few hands

demostró cómo la sobreproducción conduce a las crisis de la burguesía

it proved how overproduction leads to Bourgeoisie crises

señalaba la ruina inevitable de la pequeña burguesía y del campesino

it pointed out the inevitable ruin of the petty Bourgeoisie and peasant

la miseria del proletariado, la anarquía en la producción, las desigualdades flagrantes en la distribución de la riqueza

the misery of the proletariat, the anarchy in production, the crying inequalities in the distribution of wealth

Mostró cómo el sistema de producción lidera la guerra industrial de exterminio entre naciones

it showed how the system of production leads the industrial
war of extermination between nations

**la disolución de los viejos lazos morales, de las viejas
relaciones familiares, de las viejas nacionalidades**
the dissolution of old moral bonds, of the old family relations,
of the old nationalities

**Sin embargo, en sus objetivos positivos, esta forma de
socialismo aspira a lograr una de dos cosas**
In its positive aims, however, this form of Socialism aspires to
achieve one of two things

**o bien pretende restaurar los antiguos medios de producción
y de intercambio**
either it aims to restore the old means of production and of
exchange

**y con los viejos medios de producción restauraría las viejas
relaciones de propiedad y la vieja sociedad**
and with the old means of production it would restore the old
property relations, and the old society

**o pretende apretar los medios modernos de producción e
intercambio en el viejo marco de las relaciones de propiedad**
or it aims to cramp the modern means of production and
exchange into the old framework of the property relations

En cualquier caso, es a la vez reaccionario y utópico
In either case, it is both reactionary and Utopian

**Sus últimas palabras son: gremios corporativos para la
manufactura, relaciones patriarcales en la agricultura**
Its last words are: corporate guilds for manufacture,
patriarchal relations in agriculture

**En última instancia, cuando los obstinados hechos históricos
habían dispersado todos los efectos embriagadores del
autoengaño**
Ultimately, when stubborn historical facts had dispersed all
intoxicating effects of self-deception

**esta forma de socialismo terminó en un miserable ataque de
lástima**
this form of Socialism ended in a miserable fit of pity

c) Socialismo Alemán o "Verdadero"
c) German, or "True" Socialism

La literatura socialista y comunista de Francia se originó bajo la presión de una burguesía en el poder
The Socialist and Communist literature of France originated under the pressure of a Bourgeoisie in power
Y esta literatura era la expresión de la lucha contra este poder
and this literature was the expression of the struggle against this power
se introdujo en Alemania en un momento en que la burguesía acababa de comenzar su lucha contra el absolutismo feudal
it was introduced into Germany at a time when the Bourgeoisie had just begun its contest with feudal absolutism
Los filósofos alemanes, los aspirantes a filósofos y los beaux esprits, se apoderaron con avidez de esta literatura
German philosophers, would-be philosophers, and beaux esprits, eagerly seized on this literature
pero olvidaron que los escritos emigraron de Francia a Alemania sin traer consigo las condiciones sociales francesas
but they forgot that the writings immigrated from France into Germany without bringing the French social conditions along
En contacto con las condiciones sociales alemanas, esta literatura francesa perdió toda su significación práctica inmediata
In contact with German social conditions, this French literature lost all its immediate practical significance
y la literatura comunista de Francia asumió un aspecto puramente literario en los círculos académicos alemanes
and the Communist literature of France assumed a purely literary aspect in German academic circles
Así, las exigencias de la primera Revolución Francesa no eran más que las exigencias de la "Razón Práctica"

Thus, the demands of the first French Revolution were nothing more than the demands of "Practical Reason"

y la expresión de la voluntad de la burguesía revolucionaria francesa significaba a sus ojos la ley de la voluntad pura

and the utterance of the will of the revolutionary French Bourgeoisie signified in their eyes the law of pure Will

significaba la Voluntad tal como estaba destinada a ser; de la verdadera Voluntad humana en general

it signified Will as it was bound to be; of true human Will generally

El mundo de los literatos alemanes consistía únicamente en armonizar las nuevas ideas francesas con su antigua conciencia filosófica

The world of the German literati consisted solely in bringing the new French ideas into harmony with their ancient philosophical conscience

o mejor dicho, se anexionaron las ideas francesas sin abandonar su propio punto de vista filosófico

or rather, they annexed the French ideas without deserting their own philosophic point of view

Esta anexión se llevó a cabo de la misma manera en que se apropia una lengua extranjera, es decir, por traducción

This annexation took place in the same way in which a foreign language is appropriated, namely, by translation

Es bien sabido cómo los monjes escribieron vidas tontas de santos católicos sobre manuscritos

It is well known how the monks wrote silly lives of Catholic Saints over manuscripts

los manuscritos sobre los que se habían escrito las obras clásicas del antiguo paganismo

the manuscripts on which the classical works of ancient heathendom had been written

Los literatos alemanes invirtieron este proceso con la literatura profana francesa

The German literati reversed this process with the profane French literature

Escribieron sus tonterías filosóficas bajo el original francés
They wrote their philosophical nonsense beneath the French original

Por ejemplo, debajo de la crítica francesa a las funciones económicas del dinero, escribieron "Alienación de la humanidad"
For instance, beneath the French criticism of the economic functions of money, they wrote "Alienation of Humanity"

debajo de la crítica francesa al Estado burgués escribieron "destronamiento de la categoría de general"
beneath the French criticism of the Bourgeoisie State they wrote "dethronement of the Category of the General"

La introducción de estas frases filosóficas en el reverso de las críticas históricas francesas las denominó:
The introduction of these philosophical phrases at the back of the French historical criticisms they dubbed:

"Filosofía de la acción", "Socialismo verdadero", "Ciencia alemana del socialismo", "Fundamentos filosóficos del socialismo", etc
"Philosophy of Action," "True Socialism," "German Science of Socialism," "Philosophical Foundation of Socialism," and so on

De este modo, la literatura socialista y comunista francesa quedó completamente castrada
The French Socialist and Communist literature was thus completely emasculated

en manos de los filósofos alemanes dejó de expresar la lucha de una clase con la otra
in the hands of the German philosophers it ceased to express the struggle of one class with the other

y así los filósofos alemanes se sintieron conscientes de haber superado la "unilateralidad francesa"
and so the German philosophers felt conscious of having overcome "French one-sidedness"

no tenía que representar requisitos verdaderos, sino que representaba requisitos de verdad

it did not have to represent true requirements, rather, it represented requirements of truth
no había interés en el proletariado, más bien, había interés en la Naturaleza Humana
there was no interest in the proletariat, rather, there was interest in Human Nature
el interés estaba en el Hombre en general, que no pertenece a ninguna clase y no tiene realidad
the interest was in Man in general, who belongs to no class, and has no reality
Un hombre que sólo existe en el brumoso reino de la fantasía filosófica
a man who exists only in the misty realm of philosophical fantasy
pero con el tiempo este colegial socialismo alemán también perdió su inocencia pedante
but eventually this schoolboy German Socialism also lost its pedantic innocence
la burguesía alemana, y especialmente la burguesía prusiana, lucharon contra la aristocracia feudal
the German Bourgeoisie, and especially the Prussian Bourgeoisie fought against feudal aristocracy
la monarquía absoluta de Alemania y Prusia también estaba siendo combatida
the absolute monarchy of Germany and Prussia was also being faught against
Y a su vez, la literatura del movimiento liberal también se hizo más seria
and in turn, the literature of the liberal movement also became more earnest
Se le ofreció a Alemania la tan deseada oportunidad del "verdadero" socialismo
Germany's long wished-for opportunity for "true" Socialism was offered
la oportunidad de confrontar al movimiento político con las reivindicaciones socialistas

the opportunity of confronting the political movement with the Socialist demands
la oportunidad de lanzar los anatemas tradicionales contra el liberalismo
the opportunity of hurling the traditional anathemas against liberalism
la oportunidad de atacar al gobierno representativo y a la competencia burguesa
the opportunity to attack representative government and Bourgeoisie competition
Libertad de prensa burguesa, Legislación burguesa, Libertad e igualdad burguesa
Bourgeoisie freedom of the press, Bourgeoisie legislation, Bourgeoisie liberty and equality
Todo esto ahora podría ser criticado en el mundo real, en lugar de en la fantasía
all of these could now be critiqued in the real world, rather than in fantasy
La aristocracia feudal y la monarquía absoluta habían predicado durante mucho tiempo a las masas
feudal aristocracy and absolute monarchy had long preached to the masses
"El obrero no tiene nada que perder y tiene todo que ganar"
"the working man has nothing to lose, and he has everything to gain"
el movimiento burgués también ofrecía la oportunidad de hacer frente a estos tópicos
the Bourgeoisie movement also offered a chance to confront these platitudes
la crítica francesa presuponía la existencia de la sociedad burguesa moderna
the French criticism presupposed the existence of modern Bourgeoisie society
Las condiciones económicas de existencia de la burguesía y la constitución política de la burguesía

Bourgeoisie economic conditions of existence and Bourgeoisie political constitution

las mismas cosas cuya consecución era el objeto de la lucha pendiente en Alemania

the very things whose attainment was the object of the pending struggle in Germany

El estúpido eco del socialismo alemán abandonó estos objetivos justo a tiempo

Germany's silly echo of socialism abandoned these goals just in the nick of time

Los gobiernos absolutos tenían sus seguidores de párrocos, profesores, escuderos y funcionarios

the absolute governments had their following of parsons, professors, country squires and officials

el gobierno de la época se enfrentó a los levantamientos de la clase obrera alemana con azotes y balas

the government of the time met the German working-class risings with floggings and bullets

para ellos este socialismo servía de espantapájaros contra la burguesía amenazadora

for them this socialism served as a welcome scarecrow against the threatening Bourgeoisie

y el gobierno alemán pudo ofrecer un postre dulce después de las píldoras amargas que repartió

and the German government was able to offer a sweet dessert after the bitter pills it handed out

este "verdadero" socialismo servía así a los gobiernos como arma para combatir a la burguesía alemana

this "True" Socialism thus served the governments as a weapon for fighting the German Bourgeoisie

y, al mismo tiempo, representaba directamente un interés reaccionario; la de los filisteos alemanes

and, at the same time, it directly represented a reactionary interest; that of the German Philistines

En Alemania, la pequeña burguesía es la verdadera base social del actual estado de cosas

In Germany the petty Bourgeoisie class is the real social basis of the existing state of things

Una reliquia del siglo XVI que ha ido surgiendo constantemente bajo diversas formas

a relique of the sixteenth century that has constantly been cropping up under various forms

Preservar esta clase es preservar el estado de cosas existente en Alemania

To preserve this class is to preserve the existing state of things in Germany

La supremacía industrial y política de la burguesía amenaza a la pequeña burguesía con una destrucción segura

The industrial and political supremacy of the Bourgeoisie threatens the petty Bourgeoisie with certain destruction

por un lado, amenaza con destruir a la pequeña burguesía a través de la concentración del capital

on the one hand, it threatens to destroy the petty Bourgeoisie through the concentration of capital

por otra parte, la burguesía amenaza con destruirla mediante el ascenso de un proletariado revolucionario

on the other hand, the Bourgeoisie threatens to destroy it through the rise of a revolutionary proletariat

El "verdadero" socialismo parecía matar estos dos pájaros de un tiro. Se extendió como una epidemia

"True" Socialism appeared to kill these two birds with one stone. It spread like an epidemic

El manto de telarañas especulativas, bordado con flores de retórica, empapado en el rocío de un sentimiento enfermizo

The robe of speculative cobwebs, embroidered with flowers of rhetoric, steeped in the dew of sickly sentiment

esta túnica trascendental en la que los socialistas alemanes envolvían sus tristes "verdades eternas"

this transcendental robe in which the German Socialists wrapped their sorry "eternal truths"

toda la piel y los huesos, sirvieron para aumentar maravillosamente la venta de sus productos entre un público tan
all skin and bone, served to wonderfully increase the sale of their goods amongst such a public

Y por su parte, el socialismo alemán reconocía, cada vez más, su propia vocación
And on its part, German Socialism recognised, more and more, its own calling

estaba llamado a ser el grandilocuente representante de la pequeña burguesía filistea
it was called to be the bombastic representative of the petty-Bourgeoisie Philistine

Proclamaba que la nación alemana era la nación modelo, y que el pequeño filisteo alemán era el hombre modelo
It proclaimed the German nation to be the model nation, and German petty Philistine the model man

A cada maldad malvada de este hombre modelo le daba una interpretación socialista oculta y superior
To every villainous meanness of this model man it gave a hidden, higher, Socialistic interpretation

esta interpretación socialista superior era exactamente lo contrario de su carácter real
this higher, Socialistic interpretation was the exact contrary of its real character

Llegó al extremo de oponerse directamente a la tendencia "brutalmente destructiva" del comunismo
It went to the extreme length of directly opposing the "brutally destructive" tendency of Communism

y proclamó su supremo e imparcial desprecio de todas las luchas de clases
and it proclaimed its supreme and impartial contempt of all class struggles

Con muy pocas excepciones, todas las publicaciones llamadas socialistas y comunistas que ahora (1847) circulan

en Alemania pertenecen al dominio de esta literatura sucia y enervante
With very few exceptions, all the so-called Socialist and Communist publications that now (1847) circulate in Germany belong to the domain of this foul and enervating literature

2) Socialismo Congregativo, o Socialismo Burgués
2) Consiervative Socialism, or Bourgeoisie Socialism

Una parte de la burguesía está deseosa de reparar los agravios sociales
A part of the Bourgeoisie is desirous of redressing social grievances
con el fin de asegurar la continuidad de la sociedad burguesa
in order to secure the continued existence of Bourgeoisie society
A esta sección pertenecen economistas, filántropos, humanistas
To this section belong economists, philanthropists, humanitarians
mejoradores de la condición de la clase obrera y organizadores de la caridad
improvers of the condition of the working class and organisers of charity
Miembros de las Sociedades para la Prevención de la Crueldad contra los Animales
members of societies for the prevention of cruelty to animals
fanáticos de la templanza, reformadores de todo tipo imaginable
temperance fanatics, hole-and-corner reformers of every imaginable kind
Esta forma de socialismo, además, ha sido elaborada en sistemas completos
This form of Socialism has, moreover, been worked out into complete systems
Podemos citar la "Philosophie de la Misère" de Proudhon como ejemplo de esta forma
We may cite Proudhon's "Philosophie de la Misère" as an example of this form
La burguesía socialista quiere todas las ventajas de las condiciones sociales modernas

The Socialistic Bourgeoisie want all the advantages of modern social conditions
pero la burguesía socialista no quiere necesariamente las luchas y los peligros resultantes
but the Socialistic Bourgeoisie don't necessarily want the resulting struggles and dangers
Desean el estado actual de la sociedad, menos sus elementos revolucionarios y desintegradores
They desire the existing state of society, minus its revolutionary and disintegrating elements
en otras palabras, desean una burguesía sin proletariado
in other words, they wish for a Bourgeoisie without a proletariat
La burguesía concibe naturalmente el mundo en el que es supremo ser el mejor
The Bourgeoisie naturally conceives the world in which it is supreme to be the best
y el socialismo burgués desarrolla esta cómoda concepción en varios sistemas más o menos completos
and Bourgeoisie Socialism develops this comfortable conception into various more or less complete systems
les gustaría mucho que el proletariado marchara directamente hacia la Nueva Jerusalén social
they would very much like the proletariat to march straightway into the social New Jerusalem
pero en realidad requiere que el proletariado permanezca dentro de los límites de la sociedad existente
but in reality it requires the proletariat to remain within the bounds of existing society
piden al proletariado que abandone todas sus ideas odiosas sobre la burguesía
they ask the proletariat to cast away all their hateful ideas concerning the Bourgeoisie
hay una segunda forma más práctica, pero menos sistemática, de este socialismo

there is a second more practical, but less systematic, form of this Socialism

Esta forma de socialismo buscaba despreciar todo movimiento revolucionario a los ojos de la clase obrera
this form of socialism sought to depreciate every revolutionary movement in the eyes of the working class

Argumentan que ninguna mera reforma política podría ser ventajosa para ellos
they argue no mere political reform could be of any advantage to them

Sólo un cambio en las condiciones materiales de existencia en las relaciones económicas es beneficioso
only a change in the material conditions of existence in economic relations are of benefit

Al igual que el comunismo, esta forma de socialismo aboga por un cambio en las condiciones materiales de existencia
like communism, this form of socialism advocates for a change in the material conditions of existence

sin embargo, esta forma de socialismo no sugiere en modo alguno la abolición de las relaciones de producción burguesas
however, this form of socialism by no means suggests the abolition of the Bourgeoisie relations of production

la abolición de las relaciones de producción burguesas sólo puede lograrse mediante una revolución
the abolition of the Bourgeoisie relations of production can only be achieved through a revolution

Pero en lugar de una revolución, esta forma de socialismo sugiere reformas administrativas
but instead of a revolution, this form of socialism suggests administrative reforms

y estas reformas administrativas se basarían en la continuidad de estas relaciones
and these administrative reforms would be based on the continued existence of these relations

reformas, por lo tanto, que no afectan en ningún aspecto a las relaciones entre el capital y el trabajo
reforms, therefore, that in no respect affect the relations between capital and labour
en el mejor de los casos, tales reformas disminuyen el costo y simplifican el trabajo administrativo del gobierno burgués
at best, such reforms lessen the cost and simplify the administrative work of Bourgeoisie government

El socialismo burgués alcanza una expresión adecuada cuando, y sólo cuando, se convierte en una mera figura retórica
Bourgeois Socialism attains adequate expression, when, and only when, it becomes a mere figure of speech
Libre comercio: en beneficio de la clase obrera
Free trade: for the benefit of the working class
Deberes protectores: en beneficio de la clase obrera
Protective duties: for the benefit of the working class
Reforma Penitenciaria: en beneficio de la clase trabajadora
Prison Reform: for the benefit of the working class
Esta es la última palabra y la única palabra seria del socialismo burgués
This is the last word and the only seriously meant word of Bourgeoisie Socialism
Se resume en la frase: la burguesía es una burguesía en beneficio de la clase obrera
It is summed up in the phrase: the Bourgeoisie is a Bourgeoisie for the benefit of the working class

3) Criticam-Socialismo Utópico y Comunismo
3) Criticam-Utopian Socialism and Communism

No nos referimos aquí a esa literatura que siempre ha dado voz a las reivindicaciones del proletariado
We do not here refer to that literature which has always given voice to the demands of the proletariat

esto ha estado presente en todas las grandes revoluciones modernas, como los escritos de Babeuf y otros
this has been present in every great modern revolution, such as the writings of Babeuf and others

Las primeras tentativas directas del proletariado para alcanzar sus propios fines fracasaron necesariamente
The first direct attempts of the proletariat to attain its own ends necessarily failed

Estos intentos se hicieron en tiempos de excitación universal, cuando la sociedad feudal estaba siendo derrocada
these attempts were made in times of universal excitement, when feudal society was being overthrown

El entonces subdesarrollado del proletariado llevó a que fracasaran esos intentos
the then undeveloped state of the proletariat led to those attempts failing

y fracasaron por la ausencia de las condiciones económicas para su emancipación
and they failed due to the absence of the economic conditions for its emancipation

condiciones que aún no se habían producido, y que sólo podían ser producidas por la inminente época de la burguesía
conditions that had yet to be produced, and could be produced by the impending Bourgeoisie epoch alone

La literatura revolucionaria que acompañó a estos primeros movimientos del proletariado tuvo necesariamente un carácter reaccionario

The revolutionary literature that accompanied these first
movements of the proletariat had necessarily a reactionary
character

Esta literatura inculcó el ascetismo universal y la nivelación social en su forma más cruda

This literature inculcated universal asceticism and social levelling in its crudest form

Los sistemas socialista y comunista, propiamente dichos, surgen en el período temprano no desarrollado

The Socialist and Communist systems, properly so called, spring into existence in the early undeveloped period

Saint-Simon, Fourier, Owen y otros, describieron la lucha entre el proletariado y la burguesía (ver sección 1)

Saint-Simon, Fourier, Owen and others, described the struggle between proletariat and Bourgeoisie (see Section 1)

Los fundadores de estos sistemas ven, en efecto, los antagonismos de clase

The founders of these systems see, indeed, the class antagonisms

también ven la acción de los elementos en descomposición, en la forma predominante de la sociedad

they also see the action of the decomposing elements, in the prevailing form of society

Pero el proletariado, todavía en su infancia, les ofrece el espectáculo de una clase sin ninguna iniciativa histórica

But the proletariat, as yet in its infancy, offers to them the spectacle of a class without any historical initiative

Ven el espectáculo de una clase social sin ningún movimiento político independiente

they see the spectacle of a social class without any independent political movement

El desarrollo del antagonismo de clase sigue el mismo ritmo que el desarrollo de la industria

the development of class antagonism keeps even pace with the development of industry

De modo que la situación económica no les ofrece todavía las condiciones materiales para la emancipación del proletariado
so the economic situation does not as yet offer to them the material conditions for the emancipation of the proletariat
Por lo tanto, buscan una nueva ciencia social, nuevas leyes sociales, que creen estas condiciones
They therefore search after a new social science, after new social laws, that are to create these conditions
acción histórica es ceder a su acción inventiva personal
historical action is to yield to their personal inventive action
Las condiciones de emancipación creadas históricamente han de ceder ante condiciones fantásticas
historically created conditions of emancipation are to yield to fantastic conditions
y la organización gradual y espontánea de clase del proletariado debe ceder ante la organización de la sociedad
and the gradual, spontaneous class-organisation of the proletariat is to yield to the organisation of society
la organización de la sociedad especialmente ideada por estos inventores
the organisation of society specially contrived by these inventors
La historia futura se resuelve, a sus ojos, en la propaganda y en la realización práctica de sus planes sociales
Future history resolves itself, in their eyes, into the propaganda and the practical carrying out of their social plans
En la formación de sus planes son conscientes de preocuparse principalmente por los intereses de la clase obrera
In the formation of their plans they are conscious of caring chiefly for the interests of the working class
Sólo desde el punto de vista de ser la clase más sufriente existe el proletariado para ellos
Only from the point of view of being the most suffering class does the proletariat exist for them

El estado subdesarrollado de la lucha de clases y su propio entorno informan sus opiniones
The undeveloped state of the class struggle and their own surroundings inform their opinions
Los socialistas de este tipo se consideran muy superiores a todos los antagonismos de clase
Socialists of this kind consider themselves far superior to all class antagonisms
Quieren mejorar la condición de todos los miembros de la sociedad, incluso la de los más favorecidos
They want to improve the condition of every member of society, even that of the most favoured
De ahí que habitualmente atraigan a la sociedad en general, sin distinción de clase
Hence, they habitually appeal to society at large, without distinction of class
Es más, apelan a la sociedad en general con preferencia a la clase dominante
nay, they appeal to society at large by preference to the ruling class
Para ellos, todo lo que se requiere es que los demás entiendan su sistema
to them, all it requires is for others to understand their system
Porque, ¿cómo puede la gente no ver que el mejor plan posible es para el mejor estado posible de la sociedad?
because how can people fail to see that the best possible plan is for the best possible state of society?
Por lo tanto, rechazan toda acción política, y especialmente toda acción revolucionaria
Hence, they reject all political, and especially all revolutionary, action
desean alcanzar sus fines por medios pacíficos
they wish to attain their ends by peaceful means
se esfuerzan, mediante pequeños experimentos, que están necesariamente condenados al fracaso

they endeavour, by small experiments, which are necessarily doomed to failure
y con la fuerza del ejemplo tratan de abrir el camino al nuevo Evangelio social
and by the force of example they try to pave the way for the new social Gospel
Cuadros tan fantásticos de la sociedad futura, pintados en un momento en que el proletariado se encuentra todavía en un estado muy subdesarrollado
Such fantastic pictures of future society, painted at a time when the proletariat is still in a very undeveloped state
y todavía no tiene más que una concepción fantástica de su propia posición
and it still has but a fantastical conception of its own position
pero sus primeros anhelos instintivos corresponden a los anhelos del proletariado
but their first instinctive yearnings correspond with the yearnings of the proletariat
Ambos anhelan una reconstrucción general de la sociedad
both yearn for a general reconstruction of society

Pero estas publicaciones socialistas y comunistas también contienen un elemento crítico
But these Socialist and Communist publications also contain a critical element
Atacan todos los principios de la sociedad existente
They attack every principle of existing society
De ahí que estén llenos de los materiales más valiosos para la ilustración de la clase obrera
Hence they are full of the most valuable materials for the enlightenment of the working class
Proponen la abolición de la distinción entre la ciudad y el campo, y la familia
they propose abolition of the distinction between town and country, and the family

la supresión de la explotación de industrias por cuenta de los particulares
the abolition of the carrying on of industries for the account of private individuals

y la abolición del sistema salarial y la proclamación de la armonía social
and the abolition of the wage system and the proclamation of social harmony

la conversión de las funciones del Estado en una mera superintendencia de la producción
the conversion of the functions of the State into a mere superintendence of production

Todas estas propuestas, apuntan únicamente a la desaparición de los antagonismos de clase
all these proposals, point solely to the disappearance of class antagonisms

Los antagonismos de clase estaban, en ese momento, apenas surgiendo
class antagonisms were, at that time, only just cropping up

En estas publicaciones estos antagonismos de clase se reconocen sólo en sus formas más tempranas, indistintas e indefinidas
in these publications these class antagonisms are recognised in their earliest, indistinct and undefined forms only

Estas propuestas, por lo tanto, son de carácter puramente utópico
These proposals, therefore, are of a purely Utopian character

La importancia del socialismo crítico-utópico y del comunismo guarda una relación inversa con el desarrollo histórico
The significance of Critical-Utopian Socialism and Communism bears an inverse relation to historical development

La lucha de clases moderna se desarrollará y continuará tomando forma definitiva

the modern class struggle will develop and continue to take definite shape

Esta fantástica posición del concurso perderá todo valor práctico

this fantastic standing from the contest will lose all practical value

Estos fantásticos ataques a los antagonismos de clase perderán toda justificación teórica

these fantastic attacks on class antagonisms will lose all theoretical justification

Los creadores de estos sistemas fueron, en muchos aspectos, revolucionarios

the originators of these systems were, in many respects, revolutionary

pero sus discípulos han formado, en todos los casos, meras sectas reaccionarias

but their disciples have, in every case, formed mere reactionary sects

Se aferran firmemente a los puntos de vista originales de sus amos

They hold tightly to the original views of their masters

Pero estos puntos de vista se oponen al desarrollo histórico progresivo del proletariado

but these views are in opposition to the progressive historical development of the proletariat

Por lo tanto, se esfuerzan, y eso de manera consecuente, por amortiguar la lucha de clases

They, therefore, endeavour, and that consistently, to deaden the class struggle

y se esfuerzan constantemente por reconciliar los antagonismos de clase

and they consistently endeavour to reconcile the class antagonisms

Todavía sueñan con la realización experimental de sus utopías sociales

They still dream of experimental realisation of their social Utopias
todavía sueñan con fundar "falansterios" aislados y establecer "colonias domésticas"
they still dream of founding isolated "phalansteres" and establishing "Home Colonies"
sueñan con establecer una "Pequeña Icaria": ediciones duodécimas de la Nueva Jerusalén
they dream of setting up a "Little Icaria"—duodecimo editions of the New Jerusalem
y sueñan con realizar todos estos castillos en el aire
and they dream to realise all these castles in the air
se ven obligados a apelar a los sentimientos y a las carteras de los burgueses
they are compelled to appeal to the feelings and purses of the bourgeois
Poco a poco se hunden en la categoría de los socialistas conservadores reaccionarios descritos anteriormente
By degrees they sink into the category of the reactionary conservative Socialists depicted above
sólo se diferencian de ellos por una pedantería más sistemática
they differ from these only by more systematic pedantry
y se diferencian por su creencia fanática y supersticiosa en los efectos milagrosos de su ciencia social
and they differ by their fanatical and superstitious belief in the miraculous effects of their social science
Por lo tanto, se oponen violentamente a toda acción política por parte de la clase obrera
They, therefore, violently oppose all political action on the part of the working class
tal acción, según ellos, sólo puede ser el resultado de una ciega incredulidad en el nuevo Evangelio
such action, according to them, can only result from blind unbelief in the new Gospel

Los owenistas en Inglaterra y los fourieristas en Francia, respectivamente, se oponen a los cartistas y a los reformistas
The Owenites in England, and the Fourierists in France, respectively, oppose the Chartists and the "Réformistes"

Posición de los comunistas en relación con los diversos partidos de oposición existentes
- Position of the Communists in Relation to the Various Existing Opposision Parties -

La sección II ha dejado claras las relaciones de los comunistas con los partidos obreros existentes
Section II has made clear the relations of the Communists to the existing working-class parties

como los cartistas en Inglaterra y los reformadores agrarios en América
such as the Chartists in England, and the Agrarian Reformers in America

Los comunistas luchan por el logro de los objetivos inmediatos
The Communists fight for the attainment of the immediate aims

Luchan por la imposición de los intereses momentáneos de la clase obrera
they fight for the enforcement of the momentary interests of the working class

Pero en el movimiento político del presente, también representan y cuidan el futuro de ese movimiento
but in the political movement of the present, they also represent and take care of the future of that movement

En Francia, los comunistas se alían con los socialdemócratas
In France the Communists ally themselves with the Social-Democrats

y se posicionan contra la burguesía conservadora y radical
and they position themselves against the conservative and radical Bourgeoisie

sin embargo, se reservan el derecho de tomar una posición crítica respecto de las frases e ilusiones tradicionalmente transmitidas desde la gran Revolución
however, they reserve the right to take up a critical position in regard to phrases and illusions traditionally handed down from the great Revolution

En Suiza apoyan a los radicales, sin perder de vista que este partido está formado por elementos antagónicos
In Switzerland they support the Radicals, without losing sight of the fact that this party consists of antagonistic elements

en parte de los socialistas democráticos, en el sentido francés, en parte de la burguesía radical
partly of Democratic Socialists, in the French sense, partly of radical Bourgeoisie

En Polonia apoyan al partido que insiste en la revolución agraria como condición primordial para la emancipación nacional
In Poland they support the party that insists on an agrarian revolution as the prime condition for national emancipation

el partido que fomentó la insurrección de Cracovia en 1846
that party which fomented the insurrection of Cracow in 1846

En Alemania luchan con la burguesía cada vez que ésta actúa de manera revolucionaria
In Germany they fight with the Bourgeoisie whenever it acts in a revolutionary way

contra la monarquía absoluta, la nobleza feudal y la pequeña burguesía
against the absolute monarchy, the feudal squirearchy, and the petty Bourgeoisie

Pero no cesan, ni por un solo instante, de inculcar en la clase obrera una idea particular
But they never cease, for a single instant, to instil into the working class one particular idea

el reconocimiento más claro posible del antagonismo hostil entre la burguesía y el proletariado
the clearest possible recognition of the hostile antagonism between Bourgeoisie and proletariat

para que los obreros alemanes puedan utilizar inmediatamente las armas de que disponen
so that the German workers may straightaway use the weapons at their disposal

las condiciones sociales y políticas que la burguesía debe introducir necesariamente junto con su supremacía
the social and political conditions that the Bourgeoisie must necessarily introduce along with its supremacy
la caída de las clases reaccionarias en Alemania es inevitable
the fall of the reactionary classes in Germany is inevitable
y entonces la lucha contra la burguesía misma puede comenzar inmediatamente
and then the fight against the Bourgeoisie itself may immediately begin
Los comunistas dirigen su atención principalmente a Alemania, porque este país está en vísperas de una revolución burguesa
The Communists turn their attention chiefly to Germany, because that country is on the eve of a Bourgeoisie revolution
una revolución que está destinada a llevarse a cabo en las condiciones más avanzadas de la civilización europea
a revolution that is bound to be carried out under more advanced conditions of European civilisation
y está destinado a llevarse a cabo con un proletariado mucho más desarrollado
and it is bound to be carried out with a much more developed proletariat
un proletariado más avanzado que el de Inglaterra en el XVII y el de Francia en el siglo XVIII
a proletariat more advanced than that of England was in the seventeenth, and of France in the eighteenth century
y porque la revolución burguesa en Alemania no será más que el preludio de una revolución proletaria inmediatamente posterior
and because the Bourgeoisie revolution in Germany will be but the prelude to an immediately following proletarian revolution
En resumen, los comunistas apoyan en todas partes todo movimiento revolucionario contra el orden social y político existente

In short, the Communists everywhere support every revolutionary movement against the existing social and political order of things
En todos estos movimientos ponen en primer plano, como cuestión principal en cada uno de ellos, la cuestión de la propiedad
In all these movements they bring to the front, as the leading question in each, the property question
no importa cuál sea su grado de desarrollo en ese país en ese momento
no matter what its degree of development is in that country at the time

Finalmente, trabajan en todas partes por la unión y el acuerdo de los partidos democráticos de todos los países
Finally, they labour everywhere for the union and agreement of the democratic parties of all countries
Los comunistas desdeñan ocultar sus puntos de vista y sus objetivos
The Communists disdain to conceal their views and aims
Declaran abiertamente que sus fines sólo pueden alcanzarse mediante el derrocamiento por la fuerza de todas las condiciones sociales existentes
They openly declare that their ends can be attained only by the forcible overthrow of all existing social conditions
Que las clases dominantes tiemblen ante una revolución comunista
Let the ruling classes tremble at a Communistic revolution
Los proletarios no tienen nada que perder más que sus cadenas
The proletarians have nothing to lose but their chains
Tienen un mundo que ganar
They have a world to win
¡TRABAJADORES DE TODOS LOS PAÍSES, UNÍOS!
WORKING MEN OF ALL COUNTRIES, UNITE!

www.tranzlaty.com

www.ingramcontent.com/pod-product-compliance
Lightning Source LLC
Chambersburg PA
CBHW011952090526
44591CB00020B/2737